Piero Ferrucci · Kinder weisen uns den Weg

# Kinder weisen uns den Weg

**Piero Ferrucci**

*Wie sie in Wahrheit unsere Lehrmeister sind*

*Das besonders liebevolle Elternbuch*

**Mosaik**

Originaltitel: I bambini ci insegnano
Originalverlag: Mondadori, Mailand, Italien



Bildnachweis:

Bavaria/VCL 69, -/VCP 13, 141
Explorer/Trois 161
E. Lauenstein 57
U. Niehoff 123
T. Stone/Bernager 39, 93, -/Clarkson 87, -/Correz 53, -/Ellis 171, -/Gumpel 103, -/Krist 149 -/Monneret 111, -/Morton 129, -/Olson 23, -/Perlstein 137, -/Siteman 117, -/Smith 47, -/Thomaidis 33, -/Thomson 79, -/Vine 99



Übersetzung aus dem Englischen: Ursula Bischoff
Redaktion: Monika König
Textbearbeitung: Redaktionsbüro Weinberger
Umschlaggestaltung: Design Team München
Umschlagfoto: Tony Stone Bilderwelten / Elie Bernager
Satz: Filmsatz Schröter, München
Druck und Bindung: Graph. Großbetriebe Pößneck
Printed in Germany
ISBN 3-576-11342-8

# Inhalt

# Einführung

*Auf allen vieren krieche ich auf dem Boden herum und halte nach einem winzigen Plastikrad Ausschau. Es hat sich von dem Spielzeugauto gelöst, das Emilio gehört, meinem fünfjährigen Sohn. Er ist außer sich. Ich dagegen bin müde und ungehalten. Überall schon habe ich nach dem wertlosen Ding gesucht, und jetzt fange ich noch einmal von vorne an. Emilio führt sich auf, als hinge sein Leben davon ab, daß ich es finde. Ich krame hinter der Couch, unter den Möbeln, zwischen den Polstern und Kissen des Sessels. Ein Sklave wider Willen bewege ich mich hölzern wie eine Marionette in dieser obskuren, staubbedeckten Welt.*

Mit bekümmerter Miene folgt mir Emilio auf Schritt und Tritt, dirigiert die Aktion, steuert gute Ratschläge bei. Während ich krampfhaft suche, gehen mir tausend Gedanken durch den Kopf. Wie komme ich überhaupt dazu, wegen eines albernen Spielzeugrads solch einen Zirkus zu veranstalten? Wie konnte ich nur so tief sinken? Ich überlege, wie sich mein Leben nach der Geburt unseres ersten Kindes verändert hat, wieviel Zeit ich inzwischen mit banalen und lästigen Aktivitäten verplempere. Manchmal kommt es mir vor, als befände ich mich in der Gewalt eines wildgewordenen Tyrannen. Wie war noch gleich der Name dieses englischen Psychiaters, der behauptete, die Familie sei der Anfang vom Ende, die Schmiede des Irrsinns? Ich kann mich noch so sehr anstrengen, er fällt mir nicht ein.

Plötzlich wechselt meine Stimmung. Paradoxerweise scheine ich bei der Lösung derart belangloser Probleme über mich selbst hinauszuwachsen. In gebückter Haltung fühle ich mich leichter, wie von einer Last befreit. Wenn ich einem meiner Kinder helfe, komme ich mir offener, aufgeschlossener vor. Manchmal tut es gut, aus den höheren Gefilden, in denen alles seinen Zweck hat, herabzusteigen und Zeit damit zu vergeuden, ziellos in einer Welt der farblosen, vergessenen Bruchstücke herumzukriechen. Ich nehme mich selbst nicht mehr so wichtig, werde umgänglicher.

Es gelingt mir sogar, das Rad aufzuspüren – es war in eine Spalte zwischen die Dielenbretter gerutscht. Ein Triumph auf ganzer Linie! Das Auto ist komplett, die Welt wieder in Ordnung – und Emilio lächelt.

Neuerdings kommen mir in solchen Situationen die besten Ideen. Nichts Weltbewegendes, aber unter dem Strich ergeben sie eine ganz beachtliche Sammlung. Früher hatte ich wesentlich mehr Muße zum Lesen, Schreiben oder Nachdenken, ich konnte ungestört Musik hören, meditieren und mich über die Nichtigkeiten meiner kleinen persönlichen Welt erheben. Der Alltagstrott war eine unwillkommene Ablenkung, manchmal sogar ein echter Störfaktor.

Heute beherrscht die Jagd auf Spielzeugrädchen meinen Alltag. Am Abend bin ich völlig erledigt. Und trotzdem hat mein Leben an Tiefe und Reichtum gewonnen. Ich habe festgestellt, daß sich in jeder Situation, und sei sie noch so frustrierend oder banal, Überraschungen und Veränderungschancen verbergen – bisweilen enthalten sie sogar ein Stück Weisheit.

Kinder sind hervorragende Lehrer: Das Zusammenleben mit ihnen bereichert und verwandelt uns von Grund auf. Es ist, als hätten wir einen Intensivkurs belegt, der uns in komprimierter Form die wichtigsten Erfahrungen im Leben übermittelt, unser Verständnis vertieft, unsere Aufmerksamkeit schärft: Schönheit, Liebe, Unschuld, Spiel, Leid und Tod erscheinen uns plötzlich in einem ganz neuen Licht. Und damit sind wir beim Thema dieses Buches.

Ein Beispiel. An einem wunderbar lauen Abend gegen Ende des Frühlings mache ich mit Jonathan einen Spaziergang durch die Stadt. Mein Jüngster ist erst wenige Monate alt, und ich trage ihn auf dem Arm, eng schmiegt er sich an mich. Erschöpft von der Parade der Passanten, brabbelt er sich in den Schlaf, stimmt einen wundersamen Singsang an.

Mir ist, als hielte ich ein Kleinod in meinen Händen, das meiner Frau Vivien und mir anvertraut wurde. Ein Wunder, dessen Wachstum ich Tag für Tag beobachten darf. Im Augenblick ist es seine Stimme, die mich mit Staunen erfüllt. Eine Stimme, die nicht spricht, da sie noch keine Worte artikulieren kann, die aber alles aussagt über die heitere Gelassenheit eines Säuglings, der sich vertrauensvoll dem Schlaf hingibt.

Ich lege eine Hand an seinen Hinterkopf und spüre die kaum merklichen Schwingungen, wenn Jonathan vor sich hinmurmelt. Sie strahlen eine geheimnisvolle Kraft aus, die mich durchdringt, sich in mir fortpflanzt. Mit verblüffender Unmittelbarkeit übermitteln sie mir seine Unschuld. Ich empfinde unsägliche Dankbarkeit.

Das ist eine der vielen Situationen, in denen mich das Zusammensein mit meinen Kindern unermeßlich bereichert. Es sind Augenblicke unvorstellbarer Freude und Zärtlichkeit. Danach bin ich wie ausgewechselt. Meine Ängste und Sorgen verschwinden wie von Zauberhand. Es ist, als hätte ich plötzlich mehr Berührung mit dem Leben. Ich fühle mich erdgebundener, wirklicher.

Das Zusammenleben mit unseren Kindern bietet uns unzählige Gelegenheiten zu wachsen. Ich bin überzeugt, daß dies für alle Eltern gilt. Wir lernen, uns in Geduld zu üben, unseren Humor zu pflegen, die »Intelligenz« des Herzens zu vertiefen, die verborgenen Schätze im Alltag zu entdecken, unverhofftes Glück zu finden.

Dieser Umwandlungsprozeß verläuft natürlich nicht immer schmerzlos. Neben den Augenblicken der Freude gibt es auch Herausforderungen und Probleme, die sich als Nervenzerreißprobe erweisen, Situationen, in denen unsere Schwächen, Lügen und Scheinheiligkeit, unsere Zweifel, Widersprüche und Unzulänglichkeiten gnadenlos ans Tageslicht gezerrt werden. Und in vielen Fällen kann ein Wandel überhaupt erst stattfinden, wenn diese Voraussetzungen erfüllt sind.

Ein weiteres Beispiel. Emilio schielt begehrlich nach meinem neuen Kugelschreiber und fragt: »Papa, darf ich den haben?« »Ja, darfst du ...« »Danke Papa!« »... aber nur, wenn du versprichst, daß du brav bist und keine Dummheiten machst!« »Dann lieber nicht,« sagt Emilio und trollt sich, nicht länger an dem Kugelschreiber interessiert.

Entlarvt. Mein Sohn hält mir erbarmungslos den Spiegel vor, führt mir meine gönnerhafte Haltung vor. Ohne Boshaftigkeit, aber auch nicht gerade taktvoll. Wie würde ich reagieren, wenn mir jemand die Erfüllung eines Wunsches in Aussicht stellt, jedoch unter der Bedingung, daß ich »brav bin und keine Dummheiten mache«? Ein Geschenk mit einem Haken. Kein feiner Zug von mir! Und trotzdem ein typisches Verhalten. Emilios Antwort weist mich auf einen negativen Aspekt meiner Persönlichkeit hin, den ich selbst nicht mag. Der Wink mit dem Zaunpfahl ist unangenehm, aber er löst einen Veränderungsimpuls aus.

Bevor ich eigene Kinder hatte, beobachtete ich das Verhalten von Eltern mit einem Gefühl der Überlegenheit und Selbstzufriedenheit. Oft kamen mir ihre Bemühungen peinlich und bemitleidenswert vor. Vollgestopft mit psychologischem Wissen, registrierte ich jeden noch so kleinen Fehler, übte insgeheim Kritik und hatte ein ganzes Sammelsurium guter Ratschläge parat. Ich war überzeugt, daß ich es auf alle Fälle besser machen könnte.

Heute, zwei Kinder später, bin ich von meinem hohen Roß heruntergestiegen. Meine schönen Theorien sind wie ein Kartenhaus eingestürzt. Ich bin so oft über meine eigenen Füße gestolpert, daß ich jedwede Sicherheit eingebüßt habe. Aber das macht nichts.

Um zu verstehen und uns weiterzuentwickeln, müssen wir unsere Selbstsicherheit und Selbstgefälligkeit über Bord werfen. Das ist der erste Schritt.

Wie alle Eltern wurde ich zum Narren gehalten, ausgepreßt wie eine Zitrone, verletzt, umprogrammiert, durch die Mangel gedreht und an die Kandare genommen. Wie oft haben meine Kinder mit teuflisch sicherem Instinkt den Finger auf meine Schwachstellen gelegt, die ich sorgsam verborgen glaubte. Diese Situationen haben mich verändert. Die Umwandlung fand auf dem harten, schmerzvollen Weg statt, und zwar so grundlegend, wie es kein Psychotherapie-Kurs, keine spirituelle Klausur und keine Begegnung mit einem Guru bewerkstelligen könnte.

Das Zusammenleben mit unseren Kindern ist so hochexplosiv wie ein Mienenfeld und hält eine Fülle von Überraschungen bereit, angenehme und unangenehme. Und es ist eine Tretmühle. Wenn wir alle Mahlzeiten, die wir für unsere Sprößlinge zubereiten, bis sie flügge sind und das Elternhaus verlassen, auf ein Förderband stellten, reichte es bis in galaktische Sphären. Das nenne ich Frondienst! Oder zählen Sie nur mal die Reibungen, Enttäuschungen, Streitereien und Krankheiten, ganz zu schweigen von den Rechnungen, die pausenlos ins Haus flattern!

Welches Paar kalkuliert solche Folgen ein, bevor es Kinder in die Welt setzt? Von den Verzichten, die Eltern leisten müssen, rede ich schon fast gar nicht mehr. Manchmal male ich mir aus, was aus mir geworden wäre, wenn ich keine Kinder hätte. Ich schwelge in Erinnerungen an die guten alten Zeiten, als Vivien und ich uns noch vor ein paar Jahren fünf Minuten ungestört unterhalten konnten.

Aber selbst das ist noch nicht alles. Kinder können nachhaltige Veränderungen bei Eltern bewirken, keine Frage. Aber wer sagt, daß es sich immer um positive handeln muß? Wer dazu neigt, die Opferrolle zu spielen, eifersüchtig ist oder das Bedürfnis hat, andere zu kontrollieren, wird voll auf seine Kosten kommen. Und bei notorischen Schwarzsehern steigern sich die Ängste und Sorgen ins Uferlose – die Kinder werden zum bevorzugten Thema der schaurigsten Phantasievorstellungen. Unsere bereits vorhandenen Neurosen verschwinden nicht etwa, sondern multiplizieren sich.

Die Aufgabe, Kinder großzuziehen, kann uns zu Sklaverei und einem Leben voller Tücken verurteilen. Oder wir lassen uns auf eine Reise ein, die eine Fülle von Einsichten und Freuden mit sich bringt. Was befähigt uns also, den besseren Weg einzuschlagen?

Zwei Faktoren sind wichtig. Erstens die Bereitschaft, sich ständig weiterzuentwickeln. Wir gehen davon aus, unseren Kindern etwas beibringen zu müssen. Dabei wäre es sinnvoller zu fragen, was wir von ihnen lernen können! Schließlich treten sie als Neuankömmlinge in unsere Welt ein, betrachten sie mit frischem, unverbildetem Blick, den wir längst verloren haben. Sollten wir nicht bei ihnen in die Schule gehen?

Der zweite Faktor, der uns auf den richtigen Kurs bringt, ist die Erkenntnis, daß der »Elternarbeit« eine unermeßliche Bedeutung zukommt, auch wenn sie im Verborgenen, in den häuslichen vier Wänden, geleistet wird. Vergleichen wir sie mit anderen beruflichen Tätigkeiten: Ingenieure arbeiten mit Zement und Metall, Ärzte mit Zellen und Organen, Künstler mit Linien und Farben, Klängen und Bildern, Köche mit Nah-

rungsmitteln. Eltern dagegen erschaffen Leben – zumindest sind sie daran maßgeblich beteiligt. Das »Material«, mit dem wir es zu tun haben, sind menschliche Wesen, die wir in die Welt setzen, ernähren, unterstützen und darin bestärken, ihr angeborenes Potential zu erkennen und zu entfalten. Ist das nicht die höchste Kunst, die es gibt?

In diesem Buch finden Sie die Ergebnisse eines fortwährenden Lernprozesses: Die eigenen Erfahrungen bildeten mein Forschungsfeld. Als Psychologe, der daran gewöhnt ist, mit inneren Erlebniswelten zu arbeiten, fiel es mir leicht zu verfolgen, was in mir vorging, während ich meinen väterlichen Aufgaben in der Außenwelt nachkam.

Obwohl ich nur für mich selbst spreche, glaube ich, daß meine Erfahrungen auch für andere Eltern und alle Personen, die in irgendeiner Form mit Kindern zu tun haben, nützlich sein könnten. Jede individuelle Erfahrung enthält trotz ihrer Einzigartigkeit auch universale Elemente, die auf alle Menschen zutreffen.

Eine weitere einfache Episode. Emilio ißt schweigend sein Müsli. Er blickt in die Ferne. Kein Zweifel, er denkt nach. Da ich ihn dabei nicht stören will, bleibe ich ebenfalls stumm. Plötzlich legt er den Löffel auf den Teller, schaut mich an und sagt: »Papa, was ist, wenn wir nur träumen, daß wir leben?« Ich weiß, Kinder in seinem Alter wälzen gern philosophische Gedanken, aber trotzdem bringt mich die Frage aus der Fassung. »Mmm, meinst du, du wachst eines Morgens auf und stellst fest, daß alles verschwunden ist – deine Eltern, deine Freunde, deine Spielsachen und das ganze Haus? Daß du im Bett liegst und merkst, daß du alles nur geträumt hast?!« antworte ich nachdenklich. »Ja,« erwidert Emilio, der mittlerweile wieder ißt. »Aber vielleicht ist das Bett ja auch nur geträumt.«

Diese Nebensächlichkeit, das Bett, macht mir am meisten Kopfzerbrechen, denn dann wäre absolut alles ein Traum. Alles, was existiert, wäre nichts weiter als eine Ausgeburt unserer Phantasie. Das führt mir den logischen Zusammenhang von Emilios philosophischen Gedanken vor Augen. Ich empfinde Staunen und Ehrfurcht angesichts der Fähigkeit eines Kindes, die Welt mit so unschuldigem und zugleich wachem Blick zu betrachten.

Die Vorstellung, unser Leben sei nur ein Traum, findet in verschiedenen Philosophien und Metaphern ihren Niederschlag. Aber wenn mein Sohn sie anspricht, erhält sie eine zusätzliche Dynamik. Ich kann mich einen Moment lang in ihn hineinversetzen, die Welt wieder aus der Warte eines Kindes sehen, das sich fragt, ob nicht alles, was es wahrnimmt, nur in seinem Kopf existiert. Und plötzlich wird meine Aufmerksamkeit, die sich so häufig an den nichtigen Problemen des Alltags festhakt, weitläufiger. Ich entdecke die Freuden des Denkens neu.

Die Situation ist einmalig, aber dennoch weit verbreitet, weil viele Eltern über die angeborene Intelligenz ihrer Kinder staunen. In ihrer Struktur sind diese Erfahrungen einzigartig, aber in ihrem Kern universal, weil sie sich um immer wiederkehrende Themen drehen. Alle Eltern haben beispielsweise bestimmte Erwartungen an ihre Kinder. Sie kennen Zweifel, Überraschungen, das Wechselbad zwischen Langeweile und Vergnügen. Um diese Themen geht es in diesem Buch. Es soll als eine Art Reiseführer dienen: Wenn Sie den Punkt X oder Y erreicht haben, sollten Sie es nicht versäumen, sich den Park, die Statue oder die Landschaft anzuschauen – die Mühe lohnt sich in jedem Fall.

Die Reise, auf die sich Eltern begeben, ist mehr als eine Besichtigungstour. Sie kann ein spiritueller Weg sein, eine Abfolge von Erfahrungen, die uns die tiefere Bedeutung des Lebens enthüllen. Ein spiritueller Weg vermag uns in weite Ferne zu führen. Und doch zeigt sich das Ziel zum Greifen nahe, nämlich das Wissen, wer wir sind, wie der wahre Kern unseres Wesens beschaffen ist. Je weiter wir auf diesem Weg vorankommen, desto klarer wird uns, daß wir bereits alles haben, was wir brauchen. In diesem Augenblick der Erkenntnis verschwinden auf einen Schlag Unzufriedenheit, Bedauern, unentwegtes Begehren. Wir entdecken plötzlich die Vollkommenheit, die sich hinter dem scheinbaren Chaos des Lebens verbirgt. Wir spüren, daß es in der unendlichen Weite des Universums, dem wir angehören, auch für uns einen Platz gibt, und dieser Platz ist dort, wo wir uns gerade befinden. Trotz der Selbstzweifel, Erschöpfung und Streßsituationen, mit denen wir konfrontiert werden, sind es unsere Kinder, die uns an die Hand genommen und uns Schritt für Schritt an diesen Platz geführt haben.

# Das Hier und Jetzt

*Emilio, drei Jahre alt, springt für sein Leben gern. Er muß schon an die hundertmal hintereinander gesprungen sein. »Papa, Papa, guck mal! Das ist ein neuer! Gut, nicht?« Er platzt fast vor Stolz auf seine sportlichen Glanzleistungen. Die ersten drei, vier Sprünge fand ich noch ganz nett. Nach einer Weile langweilt mich das Zuschauen. Ich sitze auf dem Spielplatz und lasse meine Gedanken schweifen, bin unaufmerksam.*

Hand aufs Herz, ich liebe meinen Sohn sehr. Schon vor seiner Geburt hatte ich beschlossen, viel Zeit mit ihm zu verbringen. Ich wollte keiner der Väter sein, die durch Abwesenheit glänzen. Wir haben eine wunderbare, enge Beziehung. Doch wenn ich Stunde um Stunde mit ihm verbracht habe, ertappe ich mich manchmal dabei, wie ich ungeduldig auf die Uhr schaue und mich frage, wann meine Frau mich eigentlich ablösen wollte. Dann kann ich mich vom Acker machen, wie wir scherzhaft sagen, und ich habe frei.

Mein Sohn zupft mich am Ärmel: »Gefällt dir der Sprung? Nun schau endlich hin!« Jetzt ist ein gereizter Unterton in seiner Stimme, fast schon drohend. »Das ist ein neuer!« Wann bin ich erlöst? Noch zwei Stunden, dann habe ich eine Zeitlang Ruhe und Frieden.

Es ist unmöglich, Zeitung zu lesen, wenn sich Emilio in der Nähe befindet. Das käme in seinen Augen einer Beleidigung gleich. Wenn ich Glück habe, schaffe ich gerade eine halbe Spalte, bevor es losgeht: »Papaaaaa!« Jetzt zittert seine Stimme vor Empörung, wie ein Lehrer, der einen Schüler bei einem Streich erwischt.

Ich schaue zu. Und endlich begreife ich: Es ist tatsächlich ein neuer Sprung. Der hundertste Sprung ist genauso wichtig wie der erste und verdient die gleiche Aufmerksamkeit. Emilio gibt jedesmal sein Bestes. Er springt mit einer Drehung, dann folgt eine Art Spitzentanz. Für ihn ist das eine wundervolle neue Schöpfung. Er hat gerade sein Gemälde »Das Abendmahl« beendet, Amerika entdeckt, die Relativitätstheorie aufgestellt. Wie kann ich es da wagen, mit meinen Gedanken anderswo zu sein? Eine unverzeihliche Entgleisung.

Wieder einmal verstehe ich, wie so viele Male in meinem Leben, wie wichtig ungeteilte Aufmerksamkeit ist (um es danach prompt zu vergessen). Wenn ich mich mit jemandem über ein Thema unterhalte, das mich tief bewegt, erkenne ich oft an den Augen meines Gesprächspartners, daß er mir nicht richtig zuhört. Wahrscheinlich denkt er gerade über etwas Wichtigeres nach. Genau wie ich und viele andere Eltern auf dem Spielplatz. Man kann unsere Gedanken fast sehen, wie Sprechblasen in Comic-Heften: Geldprobleme, Sportergebnisse, Pläne fürs Wochenende. Diese Geistesabwesenheit hat eine zerstörerische Wirkung auf mich. Ich spreche ins Leere, als wären meine Worte nichts weiter als trockenes Herbstlaub, das der Wind aufwirbelt, bis schließlich der Winter einkehrt und eine traurige, erloschene Landschaft hinterläßt.

Ich kenne auch die beflügelnde Wirkung, wenn mir jemand ungeteilte Aufmerksamkeit widmet, ohne Werturteil oder Erwartungen. Das Beisammensein mit solch einem Menschen gibt mir Wärme, läßt mich spüren, daß ich wichtig bin, wirkt heilend. Ich habe diese Entdeckung häufig in meinem Leben gemacht, aber man vergißt sie leicht.

Mein Sohn holt mich in die Gegenwart zurück. Er kann ein strenger Lehrmeister sein, der mich auf meine Schwächen hinweist und mir die Kunst vor Augen führt, ganz im Hier und Jetzt zu leben – die wichtigste Kunst von allen. Ohne Gegenwart kann keine Beziehung, keine Realität entstehen. Natürlich ist es viel einfacher, über die Vergangenheit und die Zukunft nachzudenken. Distanziert von der Gegenwart fühlen wir uns sicher, wenn wir Phantasien, Sorgen und Erinnerungen Gestalt geben. In der Tat, ein wesentlich reizvolleres Szenario.

Wie viele andere Menschen funktioniere auch ich bisweilen wie ein Autopilot, während ich mich in Wirklichkeit in eine andere Zeitdimension zurückgezogen habe. Ich investiere in das Reden, Autofahren, Arbeiten, Gehen und Essen nur soviel Aufmerksamkeit, um mir keine Probleme einzuhandeln – und manchmal gelingt mir nicht einmal das. Ich kehre nur dann in die Gegenwart zurück, wenn ich unsanft auf den Boden der Tatsachen zurückgeholt werde, durch schiere Energie, Schmerz, Freude oder Überraschung.

Wenn ich mit jeder Faser meines Seins wach und aufmerksam bin, präsentiert sich die Welt aus einer anderen Perspektive. Im gegenwärtigen Augenblick ist noch keines meiner phantasierten Probleme eingetroffen, und wenn doch, erscheinen sie mir in einem anderen Licht. Die vagen, bedrohlichen Gespenster, auf die ich in meiner Phantasie einen flüchtigen Blick geworfen habe, verlieren angesichts der Transparenz der Gegenwart die Macht, mich zu erschrecken. Und das »Jetzt« entzieht sich mir nicht mehr. Das »Jetzt« ist die Gegenwart. Ich erkenne, daß es keinen anderen Platz gibt, an den ich mich zurückziehen könnte. Vergangenheit und Zukunft existieren nur in meinen Gedanken. Ich lebe im Hier und Jetzt, genau dort, wo ich immer war, ohne es zu wissen.

Plötzlich nimmt die Realität, die mich umgibt, eine deutlichere Form an. Geräusche und Farben werden lebhafter, die Konturen schärfer, die Gefühle authentischer. Meine Mitmenschen sind keine langen Schatten mehr, sondern Individuen. Jede Person ist ein Lebewesen, das sich nicht nur einer bestimmten Kategorie zuordnen läßt, sondern von mir als Einzelwesen wahrgenommen wird. Wenn ich wach und aufmerksam bin, erscheint mir die Welt reicher und interessanter. Sie wird nicht von gesichtslosen Stereotypen bevölkert. Jede Situation ist eine einmalige Begebenheit, die sich nicht wiederholt. Jeder Sprung ist ein neuer Sprung.

Wenn ich mich bemühe, mit all meinen Sinnen anwesend zu sein, spüre ich manchmal einen inneren Widerstand. Es langweilt mich, in der schnörkellosen Gegenwart zu leben, sie kommt mir zunächst enttäuschend flach vor. Sie erweckt den Anschein, als passiere nichts Aufregendes, und wenn etwas passiert, dann ist es nicht nach meinem Geschmack. Ich habe fortwährend das Bedürfnis, stimuliert und unterhalten zu werden.

Langeweile ist jedoch das erste Anzeichen dafür, daß ich mich auf dem richtigen Weg befinde. Sie zeigt mir, daß ich eine schützende Grenze überschreite, statt mich in der unwirklichen Welt abzuschotten. Langeweile ist eine Maske, hinter der sich Angst verbirgt. Der Teil meines Selbst, der sich Veränderungen widersetzt, versucht, mich zu warnen. Auf diese unsichtbare Barriere stoße ich früher oder später bei jedem spirituellen oder intellektuellen Abenteuer, auf das ich mich einlasse. Ich kann in meine unwirkliche Welt zurückkehren oder meinen Weg fortsetzen. Nur dann bin ich in der Lage, eine wirklich neue Erfahrung zu machen.

Die Kunst, wach und aufmerksam zu sein, läßt sich überall und jederzeit praktizieren. Man braucht dazu keine Anleitung, keine mentalen Techniken und keine Ausrüstung. Sie ist kostenlos und universell. Bestimmte Situationen fördern sie jedoch. Ein Zen-Meister geht manchmal durch die Reihen seiner meditierenden Schüler. Er weiß dank seiner untrüglichen Intuition, wer schläfrig und abgelenkt ist, und tippt ihm leicht auf die Schulter. Nicht aggressiv, sondern nur als kleine Ermahnung. Kinder verhalten sich unbewußt genauso. Ihre Zurufe, Fragen und Forderungen holen uns ständig in das Hier und Jetzt zurück, in eine Welt, die wirklicher ist – an unseren angestammten Platz.

Kleinkinder leben ausschließlich in der Gegenwart. Sie haben mit Leichtigkeit und Staunen Besitz von ihr ergriffen. Der fünf Monate alte Emilio beobachtet, wie sich die Blätter und Zweige im Wind bewegen. Seine Augen wandern kaum merklich hin und her. Er ist fasziniert. Für ihn gibt es in diesem Augenblick nur die Zweige und Blätter, sonst nichts auf der Welt. Mit zwei Jahren entdeckt er seinen eigenen Schatten, der ihm auf Schritt und Tritt folgt. Was für ein Geheimnis sich dahinter verbergen mag? Er kann in einem größeren Schatten verschwinden. Oder er sieht sein Spiegelbild in einer Pfütze. Ist es real oder ein Fenster zu einer anderen Welt? Alles heißt in der Gegenwart leben. Und es wirkt auf heilsame Weise ansteckend. Ich möchte diese Gabe besitzen.

Jonathan, zwei Jahre alt, lauscht aufmerksam verschiedenen Geräuschen, selbst den kaum hörbaren. Plötzlich hält er inne und spitzt die Ohren: die Sirene eines Krankenwagens in der Ferne, die Nachbarin, die ihr Fenster schließt, ein Passant, der hustet, das Surren des Staubsaugers. Dann hebt er jedesmal den Finger, sieht mich an und fragt: »Was das?« Zuerst begriff ich nicht. Nun versuche ich mir vorzustellen, wie er sie wohl empfinden mag, diese Welt voll neuer, unbekannter Geräusche.

Ich erinnere mich, wie er als Neugeborener still und aufmerksam dalag, ohne Werturteile oder Erwartungen, den Blick auf nichts Bestimmtes gerichtet. Ein Zustand des ungetrübten Bewußtseins. Ich habe nie eine so ungeteilte Aufmerksamkeit erlebt. Es reicht aus, mich an diese Augenblicke zu erinnern, und schon fühle ich mich besser.

Wenn wir in der Gegenwart verwurzelt sind, können wir intensivere Beziehungen entwickeln, nicht nur zu unseren Kindern, sondern zu jedem Menschen. Im Grunde ist das die einzig mögliche Beziehung, wenn wir uns nicht wie Phantome begegnen wollen. In der Gegenwart verwurzelt sein, bedeutet: reaktionsbereit und verfügbar sein. Ich bin für dich da. Meine Gedanken schweifen nicht klammheimlich in eine interessantere Zukunft ab. Was für eine Kränkung! Sie flüchten sich weder in die Welt der Phantasie, noch werden sie vom Widerhall der Vergangenheit verfolgt. Ich bin für dich da, mit all meinen Sinnen, meinem ganzen Sein.

Jetzt höre ich förmlich den Protest: »Das ist der beste Weg, ein Kind hemmungslos zu verziehen! In der realen Welt schenkt ihm niemand soviel Beachtung. Es wird sich daran gewöhnen, im Mittelpunkt der Aufmerksamkeit zu stehen, und wehe, wenn es später im Leben nicht die gleiche Beachtung findet!«

Eines möchte ich klarstellen: Ich rede nicht von einer affektgeladenen Aufmerksamkeit, zum Beispiel dem inneren Bedürfnis, ein Kind ungebeten mit Liebesbezeugungen zu ersticken und zu unterdrücken. Hier geht es auch nicht um die gluckenhafte Aufmerksamkeit, das Gefühl, ständig auf der Hut sein zu müssen und zu verhindern, daß ein Kind auch nur das geringste Risiko eingeht: »Paß auf, du wirst dir wehtun!« Und auch die ehrgeizige Aufmerksamkeit ist nicht gemeint. Die Aufmerksamkeit, die ich meine, verteilt keine Noten und versucht auch nicht um jeden Preis, einen Grund zu finden, um ein bestimmtes Verhalten zu korrigieren oder zu kritisieren. Ich spreche von reiner, unverfälschter Aufmerksamkeit. Sie dringt nicht in die Privatsphäre des anderen ein und will nicht lenken, sondern zeugt nur von vollkommener Präsenz. Sie fügt

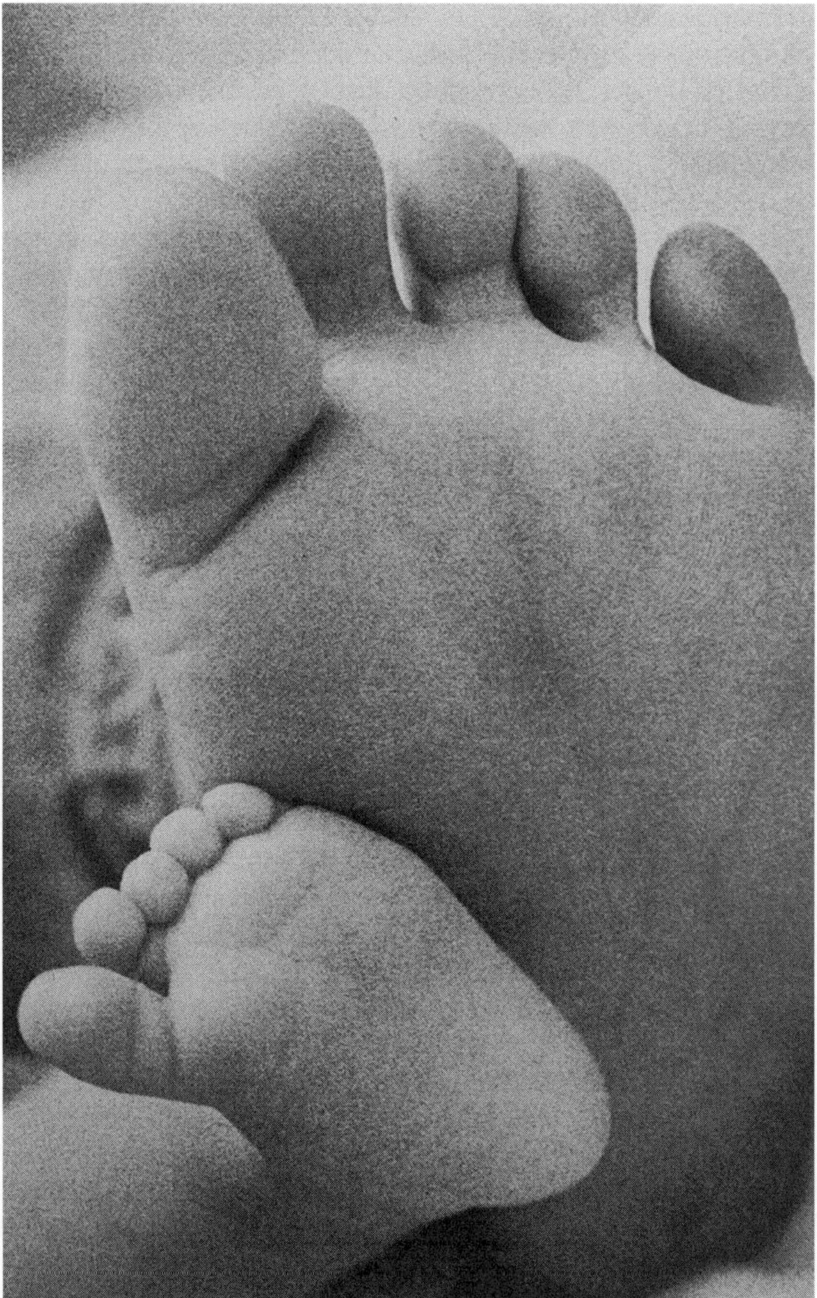

niemandem Schaden zu. Im Gegenteil, sie ist das größte Geschenk, das wir unseren Kindern machen können. Kinder sind daran gewöhnt, sich zwischen Riesen zu bewegen, die mit ihren Gedanken in weiter Ferne sind und sich von Zeit zu Zeit herablassen, ihnen ein paar Brosamen ihres Selbst zu überlassen. Ich bin sicher, es bedeutet viel für sie, wenn wir uns auf ihre Ebene begeben und dem Beachtung schenken, was sie uns zu sagen haben.

Es gibt Zeiten, in denen uns die eigene Aufmerksamkeit Angst macht. Jonathan wird geboren, in der Klinik, und ich nehme ihn mit meinen Händen in Empfang: ein unbeschreiblicher Augenblick. Die Geburt war spontan, natürlich und alles ist gut verlaufen, aber die Krankenschwester muß ihn der Mutter ein paar Minuten wegnehmen, um ihn zu massieren. In der Zwischenzeit kümmert sich die Hebamme um Vivien, die erschöpft ist. Und was tue ich in diesen kritischen Minuten? Ich gehe wortlos zum Waschbecken hinüber und schrubbe mir die Hände, bin abgelenkt, außerhalb der Zeit, nicht mehr präsent in der Szene. Das ist ein entscheidender Augenblick für die Menschen, die ich liebe, und ich klinke mich aus. Gleich darauf wird mir klar, was ich da tue. Ich laufe zu unserem soeben geborenen Sohn hinüber und betrachte ihn. Er hat gerade den ersten Schritt in seines Lebensabenteuer getan. Es geht ihm gut, aber er strampelt wie verrückt, protestiert. Ich mache es der Schwester nach und streichle ihn. Ich rede mit ihm, beruhige ihn, spüre, wie mich eine Welle der Liebe zu ihm überflutet. Ich schaue Vivien an, die sich in der Nähe befindet. Unsere Augen begegnen sich. Ich bin ihr unsäglich dankbar.

Was ist geschehen? Ich finde es später heraus. Die Gefühle, die während der Geburt an die Oberfläche gespült werden, haben eine gewaltige Intensität. Und manchmal machen uns Gefühle, die zu mächtig sind, Angst. Ich wehre mich instinktiv gegen diese starken Empfindungen, indem ich meine Gedanken abschweifen lasse. Viviens Erschöpfung oder mit ansehen zu müssen, wie mein Kind nach Luft ringt, ist unerträglich für mich. Doch sobald mir meine Flucht bewußt wird, kann ich es zulassen, die überwältigende Angst und Liebe zu verspüren, denen ich entgehen wollte.

Aufmerksam sein ist das Beste, was ich tun kann. Warum? Weil ich sehe, was ist, und mehr Informationen sammle. Ich werde nicht überrascht und denke mir keine wirren Lösungen für eingebildete Probleme aus. Vielleicht ist das Kind nur schlecht gelaunt, weil es friert, Durst hat oder eine Socke herunterrutscht. Das Leben wird einfacher, wenn man alles Überflüssige über Bord wirft. Man dringt zum Kern der Dinge vor.

Emilio wehrt sich mit Händen und Füßen gegen das Haarewaschen. Na komm, ist doch halb so schlimm, du bekommst auch einen Schokoriegel. (Schließlich müssen wir ihm ja die Haare waschen.) Emilio stimmt zu, ißt den Riegel auf, dann weigert er sich erneut. Schau mal, Mama und Papa sind da, und da kommt Oma, wir leisten dir alle Gesellschaft. Keine Chance. Oma, Mama, Papa, noch ein Schokoriegel, und wir bringen dir auch deinen Lieblingsteddy, mit dem du spielen kannst, während wir dir die Haare waschen. Nichts zu machen. Die Haarwäsche können wir vergessen. Alle reden durcheinander, brüllen sich gegenseitig an, liefern Deutungen, Drohungen und Prophezeiungen. »Warte nur ab, wenn du dir nicht die Haare waschen läßt, sind sie bald völlig verfilzt und voller Läuse.« Aufgewärmte Geschichten: »Als Papa so alt war wie du, wollte er sich auch nicht die Haare waschen lassen ...« Einfühlungsvermögen: »Ich kann ja verstehen, daß Haarewaschen nicht schön ist, aber ...« Predigten: »Es gibt eben Dinge im Leben, die wir tun müssen, ob es uns paßt oder nicht.« Alles für die Katz.

Wie wäre es mit ein bißchen mehr Aufmerksamkeit? Warum will sich Emilio nicht die Haare waschen lassen? Weil er Angst hat, Shampoo in die Augen zu bekommen. Das ist der wahre Grund. So einfach ist das. »Emilio, wir werden aufpassen, daß dir kein Wasser in die Augen läuft.« Und Emilio erlaubt uns, ihm die Haare zu waschen. Aufmerksam sein heißt, die Wirklichkeit so zu sehen, wie sie ist. Kein mißbilligendes

Stirnrunzeln mehr, sondern zum Kern der Dinge vordringen, die wirklich zählen.

Meine Kinder besitzen die außergewöhnlich machtvolle Gabe, mich in die Gegenwart zurückzuholen. Manchmal kommt es mir so vor, als stünde eine gewisse Absicht dahinter. Eines Tages erhalte ich einen Anruf, eine Steuerangelegenheit, die mir den letzten Nerv raubt. Ich muß einen Beleg finden, den ich verloren habe, wie ich befürchte, sonst wird eine saftige Geldstrafe fällig. Ich bin wütend auf mich selbst, daß in meinen Unterlagen ein solches Durcheinander herrscht. Ich fühle mich vom Finanzamt drangsaliert. Als ob ich nicht auch ohne diese Eierköpfe genug zu tun hätte! Typisch Beamte, denen kann man aber auch gar nichts recht machen. Meine inneren Monologe gehen endlos weiter, dunkle Wolken brauen sich am Horizont zusammen. Jonathan schaut mich an. Er lächelt. Immer noch gedankenverloren, sehe ich ihn wie aus weiter Ferne. Ich nehme nur am Rande wahr, daß er da ist, meine Sorgen wiegen schwerer. Warum muß ich meine Zeit mit einer derart blödsinnigen Suche verplempern? Die werden mich drankriegen. Ich kann einpacken. Jonathan läßt sich nicht beirren. Er blickt mich einfach an, lächelt. Die Sorgen beginnen sich zu zerstreuen. Warum soll ich mir eigentlich den Tag mit solchen Überlegungen verderben? Ich seufze. Jonathan betrachtet mich. Er wartet. Sein Blick ist eine Welt, in die ich eintreten kann. Eine unverhüllte Aufforderung. Wieder lächelt er. Jetzt bin ich wirklich bei ihm. Die Gewitterwolken haben sich verzogen. Willkommen in der Gegenwart, Papa.

# Freiraum

*Während der ersten Schwangerschaft besuchten Vivien und ich das Geburtshaus zweier genialer Künstler: Mozart und Leonardo da Vinci. In Mozarts Geburtshaus in Salzburg kann man seine Musikinstrumente, einige seiner eigenhändig geschriebenen Notenblätter und Abbildungen von ihm besichtigen. Obwohl in dem Haus ein fortwährendes Kommen und Gehen herrschte, spürten wir seine Gegenwart. In Vinci zeigt ein Museum die ausgeklügelten technischen Geräte und Vorrichtungen, die gewissenhaft nach Leonardo da Vincis Skizzen gefertigt wurden: Fahrrad, Hubschrauber, Flugzeug und andere Konstruktionen.*

Auch da Vincis Geburtshaus steht den Touristen offen. Es war spannend, sich vorzustellen, wie Leonardos Kindheit dort verlaufen sein mag: wie er aufwächst, spielt und seine naturwissenschaftlichen Theorien und schöpferischen Talente sich zu entwickeln beginnen.

Beide Ausflüge bereicherten uns und machten die Schwangerschaft zu einer ganz besonderen Erfahrung. Für mich hatten sie darüber hinaus Symbolcharakter. In Vinci und Salzburg hoffte ich, den Kontakt zum Wunder der Genialität herzustellen. Vielleicht läßt sie sich ja auf diesem Weg übertragen, wer weiß? Ich gestehe: In meinem Innern wünschte ich mir, daß unser ungeborenes Kind ein zweiter Leonardo oder Mozart werden möge.

Keine Bange, ich mache mir nichts vor. Nur ein einziger Mensch von Milliarden hat das Zeug zum Genie. Aber mein Kind könnte doch wenigstens über eine außergewöhnliche Begabung verfügen und befähigt sein, einen originellen, einzigartigen Beitrag in der Malerei oder Wissenschaft zu leisten. Der menschliche Verstand war in meinen Augen schon immer ein Wunderwerk mit unermeßlichen Potentialen. Und das Großziehen eines Kindes bedeutet, die tagtägliche Realisierung dieser Möglichkeiten zu beobachten.

Dieses Wunschdenken schadet niemandem. Im Gegenteil. Wenn wir das außergewöhnliche Element erkennen würden, das sich in jedem von uns verbirgt, könnte die Welt nur besser werden. Aber meine innere Einstellung wird von einem nahezu zwanghaften Ehrgeiz getrübt. Und von Angst. Vielleicht wird sich das Kind in nichts vom namenlosen Heer der Mittelmäßigen unterscheiden – eine gräßliche Vorstellung! Nein, mein Sohn soll etwas Besonderes sein, und ich werde alles tun, um ihm dabei zu helfen. Außerdem habe ich wissenschaftlich fundierte Forschungsberichte gefunden, die meine Hoffnungen untermauern. Ich kann es kaum noch erwarten zu beobachten, wie die Fähigkeiten meines Kindes Gestalt annehmen.

Erst nach einiger Zeit merke ich, wie kleinkrämerisch und schwerfällig mich diese Erwartungen machen. Und mir wird klar, daß Emilios tatsächliche Entwicklung nicht mit meinen Phantasievorstellungen übereinstimmt. Er hat sein eigenes Wachstumstempo, seine eigenen Motive, sein eigenes Schicksal. Dieser Erkenntnis erreicht mich auf folgende Weise: Emilio ist ein paar Monate alt. Nachdem ich zahllose Bücher gelesen habe, wie man sein Kind fördert und in ein »Genie« verwandelt, fange ich an, Säuglingsgymnastik mit ihm zu machen. Diese Übungen stimulieren die Verbindung zwischen den Gehirnzellen, versichert das Buch. Doch trotz der in Aussicht gestellten positiven Reaktion stelle ich fest, daß Emilio häufig den Kopf wegdreht, was bei einem Baby Widerwillen signalisiert. Er weint nicht – ich gehe sehr behutsam mit ihm um –, aber von Begeisterung ist auch keine Spur zu entdecken.

Ich muß kein Genie sein, um zu begreifen: Emilio hat keine Lust auf diese Turnübungen. Sie sind ein Störfaktor in seinem Leben, aber er hat keine Möglichkeit, sich dagegen zur Wehr zu setzen. Ich trete einen Schritt zurück, schaue ihm nur zu, wie er daliegt und strampelt. Wie alle Säuglinge weiß auch er instinktiv, wie er seinen Körper ganzheitlicher und natürlicher bewegt, als ich es ihm jemals beibringen könnte. Ich sehe, daß Emilio goldrichtig ist, wie er ist, daß es nichts zu korrigieren gibt. Seine Bewegungen folgen einem natürlichen und ästhetischen Ablauf, wie der Tanz der Delphine oder der Sprint eines Geparden.

Zuerst schmerzt diese intuitive Erkenntnis. Emilio wird letztendlich kein Genie werden. Oder zumindest bin ich nicht in der Lage, ihn in einen Menschen von außergewöhnlicher Intelligenz zu verwandeln. Aber dann bin ich erleichtert. Ich gebe ihm in meinem Innern die Erlaubnis, zu sein, wer und was er ist. Vielleicht wird einmal ein ganz gewöhnliches Kind aus ihm. Ich kann diesen Prozeß nicht steuern. Ich schrumpfe ebenfalls auf Normalmaß zurück, bin kein Pygmalion mehr, sondern lediglich ein Helfer. Gleich darauf sehe ich ihn vor mir, wie er ist, ohne meine Einmischung. Ich fühle mich wie von einer schweren Last befreit, statt Nervosität und Zwang genieße ich die einfache Freude des Seins.

Die Träume von Ruhm und Größe müssen bei uns in der Familie liegen. Meine Mutter hatte auch immer hochfliegende Pläne mit mir. Von Anfang an versuchte sie, mein Wissen zu beflügeln. Ich erinnere mich noch heute gut daran, wie stolz sie ihre »Zuggeschichte« erzählte. Ich war erst zwei Jahre alt, saß im Zug und begann, laut aus der Zeitung vorzulesen, die mein Gegenüber im Abteil aufgeschlagen hatte. Die übrigen Reisenden waren perplex.

Die Erwartungen meiner Mutter waren für mich eine schwere Bürde, auch wenn sie mich noch so sehr liebte. Selbst heute noch habe ich manchmal das Gefühl, eine fremdbestimmte Existenz zu führen, ein Leben, dessen Kurs von jemand anderem gesetzt wurde. Wenn ich ein ehrgeiziges Ziel verfolge, bin ich mir nicht immer sicher, ob es wirklich auf meinem Mist gewachsen ist. Vielleicht versuche ich wieder einmal, die Erwartungen eines Menschen zu erfüllen, der tot ist, dessen Hoffnungen und Wünsche aber in mir weiterleben. Und es besteht die Gefahr, daß ich dieses Verhaltensmuster bei Emilio fortsetze.

Verstehen und Erkenntnisse verinnerlichen sind indessen zwei Paar Schuhe. In der Schule des Lebens bin ich ein begriffsstutziger Schüler, und ich muß dieselbe Lektion oft mehrmals in Angriff nehmen. Vier Jahre später ist Jonathan neun Monate alt und lernt, alleine zu essen. Laut Gewichtstabellen bringt er ein bißchen zu wenig auf die Waage. Aber nach seinem Aussehen zu urteilen strotzt er vor Gesundheit, Fröhlichkeit und Vitalität. Als besorgter Vater traue ich den Tabellen mehr als meinen eigenen Augen. Beim Essen denke ich vor allem daran, wieviel Jonathan zu sich nimmt. Reicht die Menge aus? Wie viele Proteine sind darin enthalten? Fördert die Nahrung ein gesundes Wachstum?

Zum Glück folgt Jonathan einer ganz anderen Philosophie. Für ihn ist jedes Essen ein Fest. Er möchte nicht in seinem Hochstuhl festgeschnallt werden (Wer will das schon?), sondern zieht es vor, sich hinzustellen und hin- und herzuschaukeln. Er spuckt in hohem Bogen die Himbeeren aus, beobachtet seinen Bruder beim Spielen, schäkert mit einer Freundin der Familie, die zu Besuch gekommen ist, bietet mir etwas von seinem Teller an, wirft mit Zwetschgenstücken oder ein paar Löffeln Gemüsesuppe um sich, erzählt seine Geschichten, zerquetscht eine Bananenscheibe in der Hand, stößt sich den Kopf an, lacht, brüllt wie am Spieß, weil er Wasser trinken möchte, führt einen Balanceakt mit dem Löffel vor, und wenn er überhaupt etwas Eßbares in den Mund schiebt, ist die Erfahrung des Schmeckens so intensiv, daß sein ganzer Körper vor Begeisterung mit einer Art Veitstanz reagiert. Dennoch sitze ich vor ihm, ohne an dem Fest teilzunehmen. Ich mache mir Sorgen. Ißt er jetzt oder nicht? Ich möchte doch nur, daß er mit den Wachstumstabellen Schritt hält.

Dann, eines Tages, dämmert es mir. In einem Moment, in dem ich ausnahmsweise nichts erwarte, öffnet sich der Vorhang einen Spalt und ich begreife. Ich sehe mir die Vorstellung an. Ich erkenne, daß Jonathan die Welt nicht in Kategorien unterteilt. Essen ist für ihn nicht eine Tätigkeit, die ausschließlich dem Nahrungsverzehr dient. Beim Essen kann man tanzen, Kontakt zu anderen Menschen herstellen, die Situation genießen, sprechen, die Gesetze der Schwerkraft studieren, alle Sinne erkunden oder spielen, und zwar alles gleichzeitig. In seiner Welt gibt es keine Schubladen. Ich beginne, die Mahlzeit zu genießen und freue mich auf die nächste Vorstellung.

Was habe ich daraus gelernt? Solange ich bestimmte Erwartungen an das Verhalten meiner Kinder habe, bin ich verkrampft und besorgt, kann sie nicht so sehen, wie sie wirklich sind, bin unfähig, mich über ihre Gesellschaft einfach nur zu freuen. Ich führe mich auf wie ein Polizist, der das Geschehen überwacht. Erst wenn ich meine Erwartungen über Bord werfe, fühle ich mich leicht und frei. Ich entwickle eine engere Beziehung zu meinen Kindern und habe mehr Spaß.

Gewiß gibt es niemanden auf der Welt, der nicht irgendwann einmal die Last der Erwartungen eines anderen Menschen gespürt hätte. »Du sollst so sein, wie ich es mir vorstelle« ist ein mehr oder weniger offen geäußertes Gebot, das jeden Aspekt zwischenmenschlicher Beziehungen durchdringt. Zu Beginn einer Freundschaft oder Liebe, in jener magischen Zeit, in der zwei Menschen die Gegenwart des anderen bedingungslos genießen und sich kennenlernen, fehlt es bisweilen. Doch später schleichen sich Pflichtzuweisungen, Regeln, Forderungen und Schuldgefühle ein, und der Zauber, der jedem Anfang innewohnt, schwindet.

Mit der Last der Erwartungen leben zu müssen ist für jeden Menschen aufreibend und ermüdend, vor allem aber für ein Kind. Seine Persönlichkeit entwickelt sich noch, und es ist verletzlicher als ein Erwachsener. Kein Kind wächst frei von dieser Bürde heran. Ich sehe es immer wieder. Als Emilio ein Jahr alt wird, nehmen wir an einer Wiedersehensfeier der Elterngruppe teil, die wir während der Schwangerschaft gegründet haben. Alle Kinder sind in Emilios Alter. Alle können bereits laufen, bis auf eines. Der Vater des Kleinen ist frustriert. »Na komm, zeig mal, was du kannst!« fordert er ihn auf, während er ihn an den Händen hochzieht. Der Junge möchte lieber sitzen bleiben und sich umschauen, hat keine Lust zu laufen. Aber sein Vater möchte, daß er den anderen in nichts nachsteht.

Erwartungen. Man findet sie überall: »Jetzt benimm dich wie ein richtiger Junge!«, und das Kind verwandelt sich in einen Miniaturmacho mit Pistole und Motorrad. »Jetzt benimm dich wie ein richtiges Mädchen!«, und das Mädchen verwandelt sich in eine Lolita mit lackierten Fingernägeln. So werden Kinder vorprogrammiert, entwickeln sich zu kleinen Barbies, superbegabten Monstern, Sportskanonen und Marionetten, die sich nie erproben und in Schwierigkeiten bringen, weil sie jetzt schon Zombies gleichen.

Erwartungen engen ein, so wie die Bandagen, die chinesische Frauen früher tragen mußten, weil den Männern die winzigen verkrüppelten Füße und Trippelschritte gefielen. Sie passen sich an, aber um welchen Preis? Erwartungen hindern ein Kind darin, sich in Übereinstimmung mit seinen eigenen inneren Gesetzmäßigkeiten zu entwickeln und pressen es in eine willkürliche Schablone, die ihnen von außen aufgezwun-

gen wird. Das ist, als würde ich nach und nach den Wesenskern meiner Kinder infiltrieren, Besitz von ihnen ergreifen, sie aller Macht berauben und sie zwingen, stellvertretend für mich zu leben. Was für ein Gefühl mag es sein, wenn eine ganze Armee das Sein eines Menschen besetzt? Einem Kind, dem exzessive oder unangemessene Forderungen aufgepfropft werden, bleibt keine andere Wahl, als seine eigenen Impulse und Interessen, Wertvorstellungen und Gedanken zu leugnen oder zu verbergen. Es gelangt zu der Schlußfolgerung, sie wären minderwertig. Da es gefallen möchte, bemüht es sich, den Ansprüchen gerecht zu werden. Es traut seinem eigenen Urteilsvermögen nicht, weiß nicht, wer es ist.

Wenn ich meinen Sohn nötige, meinen Vorstellungen zu entsprechen, hindere ich ihn daran, der zu sein, der er ist. Aber ich hindere auch mich daran, der Mensch zu sein, der ich bin. Ich lebe in meinem Kind, habe mein Selbst verloren. Etwas Spezifisches von ihm zu erwarten, kostet mich einige Anstrengung. Indem ich mich in ihm einniste, um sein Leben zu steuern, entferne ich mich zunehmend von meinem wahren Selbst. Ich entfremde mich meinem eigenen Leben und werde verletzlich. Ich setze alles auf eine Karte, auf Ereignisse, die sich meiner Kontrolle entziehen – ein Spiel, das ich verlieren muß.

Der Weg zurück zu meinem Selbst fällt nicht immer leicht. Manchmal lasse ich meine Erwartungen problemlos fahren. Doch hin und wieder verspüre ich einen Anflug von Unbehagen oder regelrecht Panik. Warum? Meine Erwartungen sind mit Hoffnungen, Wertvorstellungen, Idealen verknüpft. Mich von ihnen abzunabeln beunruhigt mich. Ich empfinde Trennungsschmerz und Angst.

Ich gehe mit Emilio in den Park, in dem es einen Spielplatz gibt. Ich erwarte, daß er herumtobt, die Geräte erkundet, seine Muskeln trainiert, sich mit anderen Kindern anfreundet. Mir spukt ein psychophysisches Entwicklungsideal im Kopf herum. Aber mein Sohn hat etwas anderes im Sinn. Er steht mutterseelenallein in einer Ecke und spielt Zug, indem er mit einer Hand an einem Holm des Barrens entlangfährt. Seine Hand ist der Zug, der an jeder Station hält. Ich muß zwei Finger auf seine Hand legen, um einzusteigen. Ich bin der einzige Fahrgast, und dieses Spiel läßt sich nirgendwo anders spielen. Die anderen Kinder amüsieren sich auf der Schaukel oder Rutsche, spielen Ball und klettern Leitern hoch, fahren Karussell und toben quietschvergnügt herum. Er nicht. Er will ein Zug sein, hin- und herfahren, von einer imaginären Station zur anderen, eine geschlagene Stunde lang. Ich muß ihm auf Schritt und Tritt folgen, meine zwei Finger auf seiner Hand – und wehe mir, wenn ich auch nur einen Moment unaufmerksam bin.

Ab und zu blicken die anderen Kinder und ihre Eltern zu uns herüber, als wollten sie sagen: Was zum Teufel treiben die beiden da eigentlich? Ich reagiere mit einem entschuldigenden Lächeln, als wollte ich sagen: Bitte seid nachsichtig, er ist doch noch ein Kind. Ich überlege, daß wir dieses Spiel auch zu Hause an einem Regentag spielen könnten und Emilio sich die Chance entgehen läßt, sich richtig auszutoben, seine Muskeln zu stärken, soziale Kontakte herzustellen. Ich bin versucht, ihn zu fragen: Warum spielst du nicht wie alle anderen Kinder? Warum bist du nicht wie sie? Das wäre ein Fehler. Das würde ihn daran hindern, auf seine eigene Weise Spaß zu haben, er selbst zu sein.

Wir gehen ins Naturkundemuseum, und er will nur eines: mit dem Fahrstuhl rauf- und runterfahren. Durch Emilios Weigerung, den Erwartungen zu entsprechen und mit den Wölfen zu heulen, fühle ich mich unwohl in meiner Haut. Und dabei ist gerade sein Verhalten, nämlich die Fähigkeit, den eigenen, ursprünglichen Impulsen zu folgen, ein grundlegendes Merkmal der Kreativität.

Es zeigt sich also eine Diskrepanz, deretwegen schöpferische Menschen nicht selten als Außenseiter abgestempelt und belächelt werden. Kinder sind in der Lage, ihre Kreativität ungebremst zum Ausdruck zu bringen, aber nur solange, bis wir Erwachsenen sie zwingen, auf der gleichen Schiene zu denken wie wir. Wir stecken sie in ein Korsett, das wir willkommen heißen und als »Reifeprozeß« bezeichnen.

Also spiele ich mit Emilio Zug. Was macht es schon, wenn andere Leute uns scheele Blicke zuwerfen! Ich bin inzwischen daran gewöhnt. Ich lasse ihm seinen Willen. Keine Einschränkungen mehr. Ich vertraue ihm. Ich vertraue ihm blind, weil ich spüre, daß seine physische und mentale Entwicklung von einer intuitiven Intelligenz bestimmt wird, die man besser sich selbst überläßt, ohne störende Eingriffe von mir oder anderen. Ich versuche nicht mehr, ihn zu manipulieren, ihm bestimmte Verhaltensweisen aufzunötigen. Ich verstehe jetzt, warum er so und nicht anders spielen muß. Ich entdecke wieder die Freuden des Spielens.

Wenn ich versuche, ihm meine Erwartungen überzustülpen, wird aus einem Vergnügen eine Zwangsvorstellung. Manche Eltern haben es in dieser Kunst zu wahrer Meisterschaft gebracht. Ich kenne Kinder, für die das Geigespielen eine Tortur, Fußball ein Alptraum und Tanzen Fronarbeit ist. Freunde, Musik, Bücher, Sport, Kunst, Theater, das alles kann zu Gespenstern werden, die wir unsere Kinder für den Rest des Lebens, mit den besten Absichten, zu fürchten lehren.

Ein weiteres Licht geht mir auf, als wir aufs Land ziehen. Damit beginnt für uns ein völlig neues Leben. Wir haben die Flucht vor den Autoabgasen der Großstadt ergriffen, weil unser Kind in der Natur, mit Sonnenlicht und frischer Luft aufwachsen soll. Wir finden das richtige Haus. Nun können wir als erklärte Naturliebhaber endlich unseren Traum verwirklichen. Schon bald entdecken wir zu unserer Enttäuschung, daß sich Emilio nichts aus frischer Luft macht: »Mag nicht raus.« Der Junge sieht blaß aus, finden wir, und er sollte sich jeden Tag mindestens zwei Stunden im Freien aufhalten, in der Sonne herumtollen. Also versuchen wir, ihn mit ein paar Tricks nach draußen zu locken. Aber Emilio scheint einen geradezu unheimlichen siebten Sinn zu entwickeln und geht uns nicht ein einziges Mal auf den Leim. Natur und frische Luft werden bei uns zu einer Obsession, einer Zwangsvorstellung.

Zum Glück merken Vivien und ich ziemlich bald, daß wir so nicht weiterkommen und hören auf, ihn zu bedrängen. Schlagartig beginnt Emilio, Blätter und Beeren zu sammeln, er rennt und springt draußen umher, beobachtet, wie das Obst reift, freundet sich mit den Tieren an, folgt mit seinen Aktivitäten den Mondphasen und dem Wechsel der Jahreszeiten, aber nur falls und wann immer er möchte, aus eigenem Interesse und Vergnügen – und nicht, weil wir es wünschen.

Warum entwickle ich einen so zwanghaften Ehrgeiz, meine eigenen Erwartungen durch meine Kinder zu verwirklichen? Jetzt weiß ich es. Ich versuche, durch sie all das zu erreichen, was ich selbst nicht realisiert habe. Obwohl ich viele Berufsfelder im Lauf der Jahre reizvoll fand, habe ich mich für Philosophie und Psychologie entschieden. Bisher war mein Leben erfüllend und interessant, aber rundum zufrieden bin ich nicht. Manchmal kommt mir die Welt der Psyche vage und verschwommen vor, und meine Arbeit zu subjektiv. Ich stelle mir vor, wie spannend es möglicherweise gewesen wäre, mich statt dessen mit Naturwissenschaften zu beschäftigen, beispielsweise Biologie oder Astronomie. Präzise Disziplinen von beruhigender Klarheit. Und manchmal überlege ich, wie wunderbar es gewesen wäre, die Welt der Kunst zu erforschen. Dann fühle ich mich unvollständig, als läge ein Teil von mir brach.

Diese Gefühl der Unvollständigkeit ist letztendlich Teil des Lebens und wird sich nie ganz überwinden lassen, außer vielleicht in sehr seltenen Augenblicken. Aber der Gedanke tröstet mich nicht, noch mindert er die nagende Unzufriedenheit. Ein natürliches Ventil besteht darin, meinen Kindern diese Interessen nahezubringen, weil ich weiß, wie faszinierend und lohnenswert sie sind. Das bedeutet unter dem Strich, daß ich versuche, mich durch meine Kinder zu verwirklichen. Es mag schrecklich klingen, aber so ist es: Ich benutze meine Kinder, um meinen eigenen Ehrgeiz zu befriedigen. Wenn Sie einen Moment darüber nachdenken, werden Sie mir zustimmen, daß die Aufgabe, die ich meinen Kindern damit auferlege, sowohl unfair als auch unerfüllbar ist. Ich verhalte mich nicht anders als eine Art Psychoparasit, der allen Beteiligten schadet. Mir graut bei dem Gedanken. Meine Kinder müssen ihr eigenes Leben leben, nicht meines. Ich nehme meine Unzufriedenheit wieder in Besitz. Natürlich sollen meine Kinder Zugang zu Kunst und Wissenschaft finden, aber ohne Zwang, als möglicher Weg und nicht als eingefahrenes Gleis. Und mit Sicherheit nicht als eine Möglichkeit, mich von meinen eigenen Frustrationen zu befreien.

Ich kehre zu mir zurück, bin allein mit meinem Gefühl der Unvollständigkeit. Der Umgang mit meinen Kindern hält mir einen Spiegel vor, in dem ich meine eigenen Probleme entdecke. Ich werde mir meiner Grenzen bewußt, meiner Fehler und Unsicherheiten. Manchmal halte ich mich sogar für einen Versager, denke, daß ich mein Leben weggeworfen habe. Doch dann erkenne ich, daß es genau diese Fehler und Unzufriedenheiten sind, die mir helfen, zu lernen, es noch einmal zu versuchen, es besser zu machen. In einem lichten Augenblick erhasche ich einen Blick auf die Möglichkeit, mich so anzunehmen wie ich bin – unvollständig, für meine Fehler verantwortlich, bisweilen banal. Alle diese Fäden sind in einem riesigen Teppich verwoben, in dem ich allmählich einen gewissen Sinn zu sehen beginne. Ich spüre, wie eine unbeschreibliche, stille Heiterkeit mein Leben und das Leben anderer durchdringt. Meine Ängste verschwinden.

Ich sehe meine Kinder mit anderen Augen und glaube, das Leben durch ihre Brille sehen zu können. Jonathan betrachtet einen Kieselstein, rollt ihn fasziniert in den Händen. Emilio ist sprachlos vor Staunen, als er zum erstenmal ein Kammerorchester hört. Ich nehme mit Leib und Seele die Gegenwart wahr, ohne die Last der Erwartungen. Ich beobachte die beiden mit Freude und Zärtlichkeit. Ich erwarte nichts von ihnen, fälle kein Werturteil, vergleiche sie nicht mit anderen Kindern. Ich akzeptiere sie so, wie sie sind. Ich fühle mich frei.

Stück für Stück entdecke ich auch neue Möglichkeiten zu lieben. Wie kann ich meine Kinder wirklich und wahrhaftig lieben, wenn ich mir gleichzeitig wünsche, sie wären anders? Emilio piesackt seinen Bruder. Er zwickt ihn in die Wange, schubst ihn, versetzt ihm einen Rippenstoß. Normalerweise

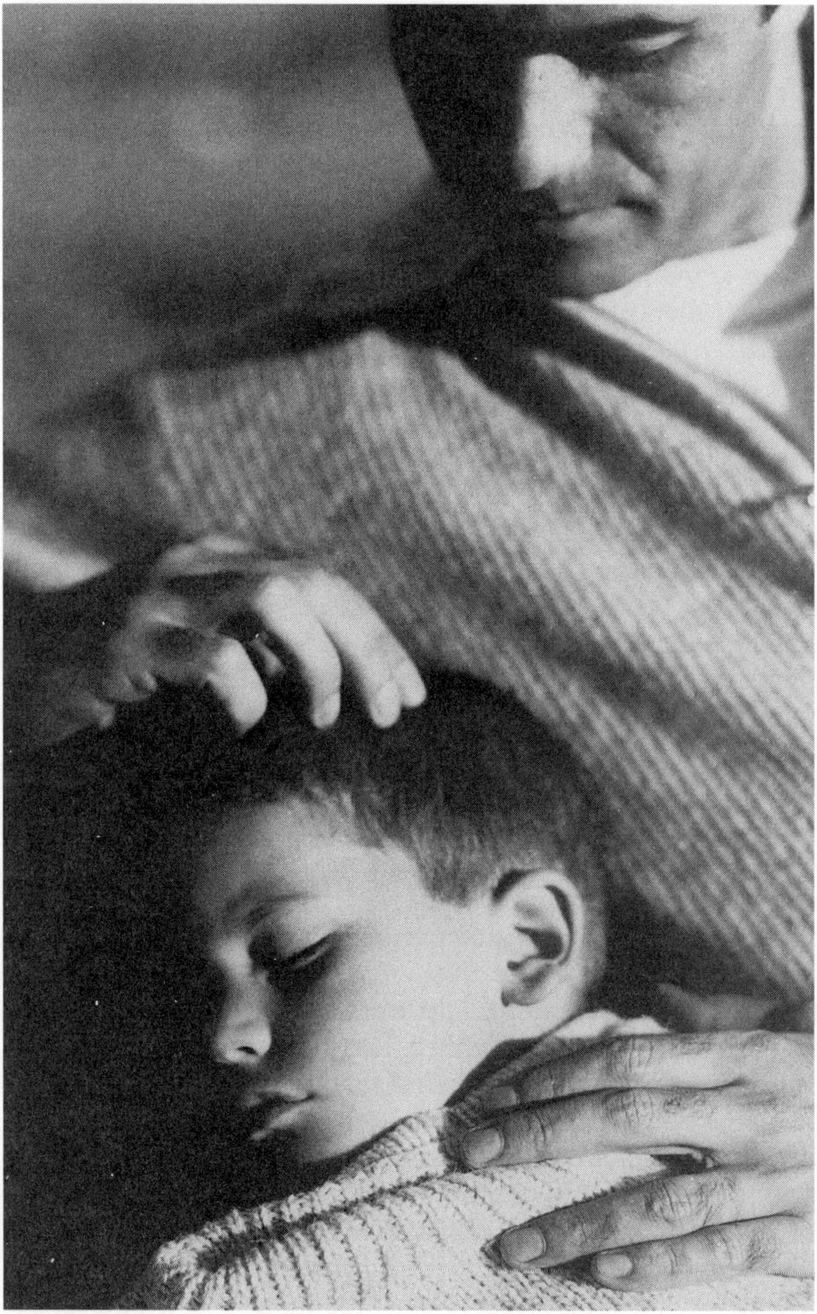

läßt Jonathan solche Angriffe mühelos an sich abprallen, lacht sogar. Doch manchmal weint er. Die Situation erfordert Fingerspitzengefühl. Ich möchte Emilio nicht demütigen. Er ist eifersüchtig auf seinen kleinen Bruder, der erst vor ein paar Monaten zur Welt gekommen ist. Ich nehme ihn zur Seite: »Emilio, ich hab dich sehr lieb, aber du mußt aufhören, Jonathan zu quälen.« Emilio sieht mich an und lächelt: »Ich wußte, daß jetzt ›aber‹ kommt.«

Was für eine Lektion! Ich liebe ihn, aber ... Ich versuche, mich in Emilio hineinzuversetzen. Wie schwer muß es für ihn sein, sich an den kleinen Bruder zu gewöhnen, den alle lieben und anhimmeln. Wie schwer muß es sein, nicht mehr im Mittelpunkt der Aufmerksamkeit zu stehen. Strafe ist wichtig, aber sie kann warten. Ich schiebe sie auf die lange Bank. Ich finde heraus, was es bedeutet, »Ich liebe dich« zu sagen, ohne Bedingungen daran zu knüpfen. Es ist eine Erleichterung. Meine frühere Art zu lieben, erscheint mir nun wie ein Kuhhandel: Ich gebe dir A, dafür bekomme ich B. Nun liebe ich ohne Gegenforderung, und keine einzige Zelle in meinem Körper sagt »nein«. Ich fühle mich ganz, in Harmonie mit mir und der Welt. Ich verspreche Emilio: »In Zukunft werde ich dich ohne wenn und aber lieben.« »Ich liebe dich ohne wenn und aber« wird zu einem geflügelten Wort in unserer Familie. Das bedeutet nicht, daß Emilio seinen Bruder nach Lust und Laune triezen darf. Aber seltsamerweise ist damit Schluß, seit ich begonnen habe, ihn ohne wenn und aber zu lieben.

Diese Entdeckungen könnte man unter dem Begriff »Freiraum« zusammenfassen. Oft nehmen wir anderen diesen Raum, der ihnen zusteht. Wir schreiben ihnen vor, was sie zu tun und zu lassen haben, planen für sie, diktieren ihnen unsere Bedingungen, verurteilen und erpressen sie. Unendlich viel besser ist es, anderen – vor allem Kindern – Freiraum zu lassen, damit sie atmen können, und ihnen nur dann Unterstützung anzubieten, wenn sie diese wirklich brauchen. Wenn wir anderen Freiheit lassen, haben auch wir mehr Freiheit. Wenn wir anderen mehr Raum lassen, haben auch wir mehr Raum.

# Lebendige Vergangenheit

*Dieses Mal sind wir am Strand. Ein dreijähriges Mädchen versucht, sich mit Emilio anzufreunden. Er ist verlegen, aber die Sache an sich gefällt ihm. Da er offenbar nicht genau weiß, wie es nun weitergehen soll, läßt er sich in den Sand plumpsen. Das kleine Mädchen lächelt und macht es ihm prompt nach. Emilio steht auf, ein bißchen ungezwungener, und setzt sich erneut in den Sand. Das Mädchen geht auf das Ritual ein, als wollte es sagen: Schau, wir sind vom gleichen Schlag, wir können Freunde sein. Inzwischen lächelt Emilio. Das Spiel geht weiter, einmal ist das Mädchen, dann Emilio an der Reihe. Sie haben die gleiche Wellenlänge.*

Doch plötzlich erscheint die Mutter der Kleinen auf der Bildfläche und sagt: »Komm, es wird Zeit, wir müssen los.« Das Kind geht mit seiner Mutter davon, wirft Emilio zum Abschied einen betrübten Blick zu.

Was mag die Frau bewogen haben, das wunderbare Freundschaftsritual zu unterbrechen? Eine halbe Stunde später sehe ich sie mit ihrer Tochter immer noch am Strand. Sie mußte also gar nicht weg. Vielleicht hatte es ihr nicht gefallen, daß ihre Tochter auf so originelle Weise Freundschaften schloß. Oder weil ein braves Mädchen nicht mit Fremden spricht. Möglicherweise fand sie es auch peinlich, daß Emilio nackt war, während ihre Tochter einen niedlichen, verspielten Badeanzug mit Spitzen trug. Was auch immer der Grund gewesen sein mag, in jenem Moment hatte sie ihr Streben nach emotionaler Distanz auf ihre Tochter übertragen, die dieses Verhalten unter Umständen in ihrem eigenen künftigen Leben fortschreiben wird. Jammerschade.

Solche Begebenheiten sind alles andere als eine Ausnahme. Sie stellen sogar einen Grundbaustein im Leben unserer Kinder dar. In einem Fernsehwerbespot für eine bekannte Nußnougatcreme sagt eine Mutter zu ihrer Tochter, während sie in einer heiteren, entspannten Atmosphäre Brote schmiert: »Als ich klein war, hat meine Mutter mir auch Brote mit X gemacht.« Das gleiche passiert mit Neurosen. Wir Erwachsenen streichen sie unseren Kindern aufs tägliche Brot, genauso wie unsere Einstellungen, Gewohnheiten, Vorurteile, Überspanntheiten und Komplexe. Und so werden unsere Kinder eine Reinkarnation unserer selbst, genauso wie wir ein Abklatsch unserer Eltern sind. Wie groß ist der Anteil unseres Vaters und unserer Mutter, der in uns weiterlebt? Vermutlich ganz beachtlich, auch wenn wir uns für rebellisch oder urwüchsig halten. Aus dieser Warte betrachtet ist die Familie ein Unternehmen, dessen primäres Ziel darin besteht, den eigenen Bestand über Generationen hinweg zu sichern.

Beginnen wir auf einer elementaren Ebene. Ich hatte einen Onkel, der ungemein lustig und bei uns Kindern sehr beliebt war. Er führte gern Zauberkunststückchen vor und spielte anderen handfeste Streiche, indem er beispielsweise täuschend echt wirkende Kuchenstücke aus Plastik anbot oder ein winziges Stöckchen bei sich trug, das jedem einen elektrischen Schlag versetzte, der ihm die Hand gab. Oft bohrte er uns mit kreisenden Bewegungen den Zeigefinger in den Bauch und gab Zischlaute von sich, wie ein Ballon, aus dem die Luft entweicht. Dieses Spiel frustrierte mich sehr. Ich empfand den Finger, der sich in meinen Bauch bohrte, als Verletzung meiner Privatsphäre, aber ich sagte kein Wort, aus Angst, meinen Onkel zu kränken. Das war eine von den kleinen Unannehmlichkeiten, wie auch das Kitzeln oder Hänseln, denen alle Kinder wehrlos ausgesetzt sind. Wären jedoch Erwachsene das Zielobjekt, würden solche Aktionen als respektlos gelten.

Zu meiner Überraschung stelle ich fest, daß ich mit Emilio den gleichen Schabernack treibe und der Junge mit einem verlegenen Lächeln das Weite sucht. Nachdem mir mein Verhalten bewußt geworden ist, frage ich ihn rundheraus, ob ihm der Spaß gefalle, und er verneint. Trotzdem vergeht dann noch einige Zeit, bis ich diese Gewohnheit, die sich abgespult hat, als würde sie automatisch von einem inneren Motor in Gang gesetzt werden, endgültig ablegen kann.

Auf diese Weise können sogar die unwichtigsten Begebenheiten noch nach Jahren wieder an die Oberfläche unseres Bewußtseins dringen. Wir haben es jedoch nicht nur mit Verschrobenheiten zu tun, sondern auch mit mentalen Gewohnheiten und Einstellungen, ja oft sogar mit einer ganzen Lebensphilosophie. Als ich meine Notizen durchsehe, finde ich den Eintrag »Supermarkt-Beispiel«: Emilio mag plötzlich nicht mehr hinter mir und dem Einkaufswagen hertraben und beginnt, durch die Gänge zu rennen. Er lacht, amüsiert sich königlich. Das Versteckspiel macht ihm offenbar einen Heidenspaß. »Alles Gute geht einmal zu Ende«, sage ich ungefähr nach einer Minute und erkläre ihm, wie die Frau am Strand, daß wir nun gehen müssen. Aber für ein Kind könnte alles, was gut ist, endlos weitergehen. Mit durchtriebenem Lächeln erwidert er:

»Papa, komm, jetzt verstecken wir uns!« »Und was ist, wenn wir uns nicht mehr wiederfinden?« lautet meine Gegenfrage. »Macht nichts«, ruft er und läuft davon.

Ich lasse mich auf das Spiel ein, aber nach und nach brechen die alten Ängste in meine Gedanken ein: Die Leute werden sich aufregen, der Supermarkt ist riesig, und wir könnten uns tatsächlich aus den Augen verlieren, alle werden uns anstarren. Warum kann Emilio auch nicht ein einziges Mal gehorchen? Aber ich gebe der drängenden inneren Stimme nicht nach, spiele weiter Verstecken. Statt Emilio in meine Welt zurückzuholen, lasse ich zu, daß er mich in seine entführt. Ich habe nichts zu verlieren, aber viel zu gewinnen. Und am Ende fühle ich mich freier, trotz der erbosten Blicke einiger Kunden.

Beim »Felsentest« dagegen bin ich mit Pauken und Trompeten durchgefallen. Ich klettere mit Emilio auf einen Felsen. Während ich vorsichtig versuche, auf dem Gestein Tritt zu fassen, springt er leichtfüßig wie ein Gemse hin und her. Ich sehe bereits vor mir, wie er abstürzt, sich Schürfwunden und blaue Flecken am ganzen Körper zuzieht, aber ich sage keinen Ton, weil ich Eltern nicht ausstehen kann, die ihre Kinder pausenlos ermahnen: »Paß auf!« »Finger weg!« oder »Komm sofort her!« Das ist die beste Methode, Kinder zu verunsicherten, verklemmten Menschen zu erziehen. Es sind Angstschreie, deren Widerhall sich über mehrere Generationen fortpflanzt.

Obwohl sich diese Angst schwer ablegen läßt, gelingt es mir, sie eine Zeitlang im Zaum zu halten. Doch als Emilio den gefährlichsten Felsen erreicht, explodieren meine aufgestauten Befürchtungen und ich schreie: »Halt! Vorsicht!« Ich sehe die Szene noch heute deutlich vor mir, im Zeitlupentempo: Emilio erschrickt. In seinem Körper, der bis zu diesem Augenblick hervorragend funktioniert hat, entsteht ein Kurzschluß. Er verkrampft sich, verliert das Gleichgewicht, fällt und schreit auf, nicht nur, weil er sich verletzt hat, sondern weil ich vermutlich meine eigene Angst auf ihn übertragen habe.

Diese Übertragung von Gefühlen und Verhaltensweisen findet auf allen Ebenen statt: Spinnenphobie, sexuelle Scham, innere Einstellung zur Ernährung, Besitz und Geld, Angst vor dem Tod. Normalerweise sind dabei keine vorherigen Erklärungen nötig. Es handelt sich nicht um eine ausdrückliche Übereinstimmung, sondern vielmehr um eine Art Osmose. Eine Charaktereigenschaft oder eine Gewohnheit wird uns nicht in einem Paket überreicht. Vielmehr geht sie durch Übertragung auf uns über.

Wie groß ist der Anteil unserer individuellen Merkmale, der erhalten bleibt? Schließlich ist das persönliche Wachstum Ausdruck aller Faktoren, die uns von anderen Menschen unterscheiden, kennzeichnend für unseren ureigenen Stil und einzigartigen Beitrag – für unsere Individualität. Aber oft gelingt es uns nicht zu wachsen, und unsere Eigenheiten gehen in einer fremden Persönlichkeit unter, die nicht die unsere ist. Und so wiederholen wir Gewohnheiten, die von einer Generation zur nächsten weitergegeben werden.

Die Vergangenheit schleicht sich auf leisen Sohlen ins Hier und Jetzt ein. Sie ist ein Meisterdieb, der in Form mentaler und emotionaler Gewohnheiten immer wieder in unser Leben eindringt und die Gegenwart ihrer Einzigartigkeit und Ursprünglichkeit beraubt. In einem Universum, das sich mit jedem Augenblick neu offenbart, bringen wir letztendlich nichts anderes als billige Imitationen hervor, weil nachahmen einfacher als erfinden ist. Wir fühlen uns sicherer, mehr von anderen akzeptiert. Wenn wir Kinder haben, wird uns diese Tatsache mit aller Macht bewußt.

Wir haben im Lauf der Zeit gelernt, in friedlicher Koexistenz mit unseren großen und kleinen Neurosen zu leben. Wenn sie uns ein Leben lang begleiten, nehmen wir sie schließlich als selbstverständlich hin und vergessen sie mitunter sogar. Andere Menschen entdecken sie an uns, wir selbst sind blind dafür. Aber in dem Moment, in dem wir sie auf einen anderen Menschen übertragen, der ein unbeschriebenes Blatt und verletzlich ist, werden sie vielleicht zum erstenmal sichtbar und spürbar. Sie manifestieren sich, damit wir sie mit peinlicher Genauigkeit erkennen.

Ein Beispiel: Ich bin mit Emilio im Park. Wenn andere Kinder sich in einer Haltung nähern, die auch nur im entferntesten bedrohlich sein könnte, empfinde ich eine seltsame Unruhe. Ich erkenne, daß es sich um den Anflug einer uralten Panik handelt, und plötzlich fällt mir wieder eine vergessen geglaubte Episode aus meiner Kindheit ein: Ein Eimer Sand, der über meinem Kopf ausgeleert wird, das Gefühl, angegriffen zu werden, die krude, primitive Welt der Machtkämpfe, die unter Kindern weit verbreitet sind. Das ist meine Vergangenheit. Aber irgendwie übertrage ich sie auf Emilio, ohne ein einziges Wort. Vielleicht durch eine unsichtbare Geste oder empathische Schwingung in unserem kollektiven Unbewußten. Er kann nicht viel dagegen unternehmen, im Gegensatz zu mir. Meine Vergangenheit holt mich ein. Ich habe die Chance, sie zu besiegen, Fehler zu korrigieren und mich auf diese Weise zu verändern. Ich höre auf, mich einzumischen und ziehe mich zurück. Emilio ist imstande, alleine mit diesen Kindern fertigzuwerden. Vielleicht sind sie überhaupt nicht aggressiv. Die Annahme bestätigt sich.

Die Charaktereigenschaften, die bei solchen Gelegenheiten an die Oberfläche dringen, werden nicht immer von den Eltern übertragen. Oft sind es unsere eigenen kindlichen Merkmale, mit denen wir uns nie auseinandergesetzt haben und die Tritt in unserem Leben fassen konnten, ohne daß uns dieser Vorgang voll bewußt geworden ist. Nun halten unsere Kinder uns den Spiegel vor, damit wir sie sehen können.

Ich bin mit Emilio im Lebensmittelladen. Der Inhaber schneidet Schinken, konzentriert und mit ernster Miene. Emilio, den ich auf den Arm genommen habe, zeigt auf ihn und sagt: »Wie heißt der Mann?« Ich erwidere: »Frag ihn!« Emilio fragt, mit leiser Stimme, vielleicht spürt er die Scheu, die ich in diesem Augenblick empfinde. Man stellt jemandem, der beschäftigt ist, keine persönlichen und belanglosen Fragen. Der Inhaber des Ladens setzt seine Tätigkeit ungerührt fort. Er blickt noch strenger drein, will nicht gestört werden. Ich merke, daß ich mich wie ein verängstigtes Kind in einer Welt der Erwachse-

nen benehme, die mir distanziert und bedrohlich erscheint. Die Scheu war zu einer ständigen Begleiterin geworden, die ich als selbstverständlich erachtet hatte. Plötzlich ist alles anders: Ich sehe mich einer massiven Blockierung gegenüber, mit der ich mich auseinandersetzen muß.

Emilio jedoch befindet sich in einer ganz anderen Situation. Er sieht der Welt ins Gesicht, lernt erst, soziale Beziehungen zu knüpfen. Was soll ich tun? Wenn ich ihm sage, daß wir den Mann nicht stören dürfen, bestätige und übertrage ich meine Scheu. Also frage ich mit einiger Anstrengung, wobei ich mir wie ein Idiot vorkomme: »Entschuldigen Sie, wie war gleich Ihr Name?« Der Mann blickt uns verdutzt an, dann lächelt er, sagt uns, wie er heißt, macht einen Scherz. Die Atmosphäre verändert sich grundlegend. Ich habe meinem Sohn gezeigt, daß man sich vor anderen Menschen nicht fürchten muß, daß es keinen Buhmann gibt. Aber wäre ich dazu in der Lage gewesen, wenn ich es nicht mit eigenen Augen gesehen hätte?

Jonathan stößt mich ebenfalls auf diesen Komplex und führt mich dabei auf dem Weg der Erkenntnis noch einen Schritt weiter. Wie viele Kinder im Krabbelalter besitzt er die außergewöhnliche Fähigkeit, ungehemmt Kontakt mit anderen herzustellen. Diese Gabe haben die Erwachsenen teilweise verloren. Bei mir ist sie schlichtweg in Vergessenheit geraten. Meine zwischenmenschlichen Beziehungen sind bisher in aller Regel vom Nützlichkeitsprinzip beherrscht worden: Wir sind beisammen, um etwas Bestimmtes zu erreichen. Dieser vorab festgelegte Zweck ist ein Bollwerk, das uns wirksam vor zuviel Nähe seitens anderer Menschen schützt. Während ich mich kaum noch daran zu erinnern vermag, wie fruchtbar und unterhaltsam eine Beziehung sein kann, die nur um ihrer selbst willen besteht, bewegt sich Jonathan, achtzehn Monate alt, völlig ungezwungen. Er marschiert in öffentlichen Gebäuden, Bussen, Fahrstühlen, Bahnhöfen oder im Postamt von einem zum anderen und inspiziert ganz ungeniert die Leute, blickt sie mit so unverhohlener Aufmerksamkeit an, daß sie ihn einfach nicht ignorieren können. Einige Gesichter hellen sich auf, man sieht, daß sich die Betroffenen geschmeichelt fühlen. Andere sind irritiert oder sogar verunsichert. Aber Jonathan läßt nicht locker. Er kann warten. Er lächelt ihnen zu, winkt, hält sich die Hände vor die Augen, nach dem Motto: Wenn ich dich nicht sehe, siehst du mich auch nicht. Am Ende werfen sogar die Verklemmtesten das Handtuch und lassen sich auf den Kontakt ein.

Dieses Spiel ist völlig frei von Zweckdenken. Es geht einzig darum, die Botschaft zu übermitteln: »Hallo, ihr! Nett, euch kennenzulernen!« Jonathan genießt es, Kontakte zu knüpfen und in diesem Moment bei mir zu sein. Er blickt mich durchdringend an, als wollte er von mir wissen: »Wer bist du eigentlich?« Und ich antworte: »Dein Vater.« Er lächelt. Wunderbar, daß ich alle meine Ängste und Sorgen wie Luftballons davonziehen lassen kann, um das Beisammensein mit Jonathan aus voller Seele zu genießen!

Wir fahren mit dem Zug; Jonathan läuft hin und her, erkundet das unbekannte Terrain. Zum Schluß entdeckt er einen Mann, der vor sich hindöst und sein Interesse erregt. Er baut sich vor ihm auf, blickt ihn an, zeigt mit dem Finger auf ihn. Der arme Kerl fühlt sich nicht wohl in seiner Haut. Ich bin einer Panik nahe. Jonathan setzt sich unbekümmert über meine eingefleischten sozialen Hemmungen hinweg. Ich weiß nicht einmal, woher sie stammen, aber sie sind da, sind Teil meiner Persönlichkeitsstruktur. Man belästigt andere Menschen nicht, das ist eine Verletzung ihrer Privatsphäre und könnte zu unliebsamen Enthüllungen führen. Wir umgeben uns besser alle mit einem Schleier, der unsere Gefühle kaschiert, unser wahres Ich verbirgt und uns schützt. Plötzlich lächelt der Mann, die Anspannung der letzten ein oder zwei Minuten weicht aus seiner Miene. Und nun erinnere ich mich an etwas, das ich im Grunde immer wußte: Es ist herrlich, mit Menschen zusammenzusein und die Gesellschaft anderer vorbehaltlos zu genießen.

Die Welt der Kinder ist von Spontaneität und Dringlichkeit geprägt. Sie läßt keinen Raum für Aspekte, die in verfälschter oder veralteter Form in mir überdauern. Ich behaupte nicht, daß ich sie alle ausgemerzt habe, aber meine Kinder öffnen mir die Augen für Ungereimtheiten und Sinnwidrigkeiten. Die Vergangenheit, die früher ohne mein Wissen wie ein stillschweigender Parasit in mir lebte, erscheint mir heute nutzlos wie eine versiegte Quelle. Sie ist ein Fossil und gehört, gemeinsam mit anderen Fossilien, in ein Museum.

# Sein, was wir sind

*Ich bin müde und ungehalten. Wir hätten mit den Kindern nicht in die Stadt fahren sollen. Vivien ist genauso schlecht drauf, bedauert den Ausflug. Eine chaotische, nervenaufreibende Angelegenheit. Die Kinder haben Hunger und wir beschließen, unterwegs einen Happen in einem Selbstbedienungsrestaurant zu essen, in dem ausschließlich Touristen verkehren – ein bisher von mir strikt abgelehnter Frevel. Die Kinder spüren, wie frustriert wir sind.*

Ich füttere Jonathan mit Früchten aus einer riesigen Schüssel mit Obstsalat. Emilio, in mutwilliger Stimmung, versetzt Jonathan unter dem Tisch einen Fußtritt. Jonathan ist erbost und kippt den Obstsalat um. Starr vor Entsetzen sehe ich zu, wie die Früchte auf meiner Hose landen, wie der Saft über den Tisch auf die Kinder und auf den Boden läuft, eine vielfarbige Flut. Vivien schnappt erschrocken nach Luft. Ich bin wütend auf Emilio, den Missetäter, der das Drama verursacht hat, und packe ihn unsanft am Arm. Er brüllt, dann beißt er mir rachsüchtig in die Hand. Die Augen aller Gäste im Restaurant richten sich auf uns. Ein Alptraum.

Später, nachdem sich die Aufregung gelegt hat, lasse ich die Szene noch einmal vor meinem inneren Auge Revue passieren und verstehe. Emilio und Jonathan haben nichts weiter getan, als unsere Empfindungen konkret zum Ausdruck gebracht. Gefühle und Wünsche beschränken sich nicht auf die persönliche Sphäre, abgeschottet vom Rest der Welt. Ob es uns gefällt oder nicht, sie strecken ihre Tentakeln aus und berühren die Menschen in unserer Umgebung auf tausendfache Weise – manchmal offen sichtbar, aber meistens unterschwellig und rätselhaft. Wir übermitteln unseren mentalen Zustand nicht nur in Worten und Taten, sondern mehr noch in Gestik, Tonfall und in der Atmosphäre, die wir um uns verbreiten. Damit beeinflussen wir die Menschen, die uns nahe sind und nahestehen, und am allermeisten unsere Kinder.

Eines Tages diktiert mir Emilio eine Liste mit Redewendungen, die in seiner Gegenwart nicht mehr benutzt werden dürfen. Viele beinhalten negative Gefühle, wie »traurig«, »Es tut mir leid!« oder »Wie schade!«. Der Grund? »Ich möchte, daß du immer froh bist«, sagt er. Emilio wird lernen müssen, sich mit negativen Gefühlen auszusöhnen, aber in der Zwischenzeit sind mir die Folgen wichtiger, die mein jeweiliger mentaler Zustand für ihn und Jonathan haben kann.

Kinder erleben unsere Emotionen nicht nur stärker als wir, sondern leben sie auch aus. Sie beißen einen oder zerschmettern Geschirr, um Wutgefühle zu kompensieren. Depressive

Stimmungen, die in der Luft liegen, können zu Eßstörungen oder Bettnässen führen. Sie empfinden unsere Gefühle mit jeder Faser ihres Körpers und bringen sie häufig aggressiv und unverzüglich zum Ausdruck. Wir haben dagegen die Kunst des Selbstschutzes erlernt. Wir explodieren nicht, sondern implodieren, nehmen Zuflucht zu rationalen Erklärungen, Beschwichtigungsmanövern und Leugnen.

Kinder sind aufrichtig. Wie in dem Märchen *Des Kaisers neue Kleider* sagen sie klipp und klar, was wir Erwachsenen nicht auszusprechen wagen. Emilio fragte einmal unverblümt unsere letzten Gäste, die keine Anstalten machten, sich zu verabschieden: »Warum geht ihr nicht endlich nach Hause?« Und ein anderes Mal, als sich ein Mann in einem Laden eine Zigarette anzündete: »Altes Ekel, Zigaretten sind ungesund!« Und als eine Frau mit starker Gesichtsbehaarung in unseren Bus stieg: »Guck mal, Papa, die Frau hat einen Bart!«

Solche Äußerungen sind peinlich, und oft besteht ein Widerspruch zwischen unseren inneren Empfindungen und dem äußeren Bild, das wir anderen von uns vermitteln möchten. Wir Erwachsenen schaffen es, unsere wahren Gefühle zu verbergen und in Schach zu halten. Warum möchten sich Eltern vor Scham am liebsten im nächsten Mauseloch verkriechen, wenn ihr Kind in aller Öffentlichkeit einen Tobsuchtsanfall bekommt? Nicht nur, weil wir in diesem Augenblick im Mittelpunkt der Aufmerksamkeit stehen. Nicht nur aus Angst, andere in ihrer Ruhe zu stören oder Kritik zu ernten. Wir fühlen uns auf dem Präsentierteller und befürchten, daß unser wahres Ich ans Tageslicht kommen könnte.

Kinder, die nicht nur die Fähigkeit besitzen, unsere verborgenen Empfindungen zu spüren, sondern auch meistens ohne Hemmungen sind, manifestieren die intimsten Aspekte unserer Existenz auf der Bühne des Lebens. Sie leben die ganze Bandbreite unserer mentalen Zustände aus. Ihre Dramen zeigen unbarmherzig die geheimen Abgründe unserer Psyche.

Wir wollen um jeden Preis verhindern, in der Öffentlichkeit schmutzige Wäsche zu waschen. Wir können nicht zulassen, daß unsere innersten Empfindungen entblößt werden, gleich zu welcher Zeit und an welchem Ort: in den häuslichen vier Wänden oder im Supermarkt, in der Gesellschaft von Freunden oder auf der Autobahn, in der Kirche oder im Restaurant. Wir haben Angst, daß man uns öffentlich zur Schau stellt. Unsere Kinder, schmückendes Beiwerk unserer biologischen Rolle, entwickeln plötzlich ein Eigenleben. Sie stellen unser wahres Wesen dar, enthüllen, wer wir wirklich sind, mit außergewöhnlicher Geschicklichkeit und einer Hemmungslosigkeit, die ihnen so leicht niemand nachmacht.

Um Mißverständnissen vorzubeugen: Jedes Kind hat natürlich seine eigene Gefühlsstruktur und Innenwelt, seine eigene, einzigartige Persönlichkeit. Dennoch besteht, zumindest in den ersten Jahren, eine symbiotische Beziehung zu uns. Auf der Ebene des Unbewußten sind wir eins.

Jemanden konkret darauf hinzuweisen, was sich in ihm verbirgt und sich sonst nicht manifestieren würde, ist eine weitverbreitete Zen-Praxis. In einer bekannten Anekdote lädt ein Zen-Meister einen Schüler ein und gießt zur Begrüßung Tee in eine volle Schale, die daraufhin überfließt. »Wie diese Teeschale, die nichts mehr aufnehmen konnte, weil sie bereits gefüllt war, wirst auch du meine Lehren nicht aufnehmen können, solange du mit deinen eigenen Ideen angefüllt bist«, sagt der Meister. Unsere Kinder verhalten sich unbeabsichtigt genauso. Sie halten uns ständig vor Augen, wie wir denken und fühlen. Sie brüllen, gehen auf die Palme, geraten vor Freude ganz aus dem Häuschen, lächeln, schlafen tief und fest, erleben Alpträume. Kurzum, sie zeigen uns, was es heißt, zu sein, wer wir sind.

Eine Zeitlang ist Emilio ziemlich reizbar. Der geringste Widerspruch bewirkt, daß er explodiert. Trotzdem hat er im Grunde alles, was man sich nur wünschen kann. Vivien und ich verbringen jeden Tag viel Zeit mit ihm, zeigen unsere Liebe in der gleichen Weise wie er, wenn er fröhlich und unbeschwert ist. Was mag mit ihm los sein? Natürlich machen Kinder negative Phasen durch, Krisensituationen in ihrer Entwicklung. Dieses Mal ist es jedoch anders. Ich merke, daß ich die Ursache für sein Verhalten bin. Ich bin gereizt. Kein Wunder, denn ich stehe im Moment in aller Herrgottsfrühe auf, muß mit fünf Stunden Schlaf auskommen. Es gelingt mir zwar, diese nervliche Belastung zu überspielen, aber sie verbirgt sich unter der Oberfläche sämtlicher mentaler Zustände. Um mehr Zeit für meine Interessen und Aktivitäten zu haben, spare ich am Schlaf. Die Folgen werden bei Emilio sichtbar. Er spürt meine Nervosität und hält mir den Spiegel vor: »Schau her, so bist du.« Als ich mir wieder mehr Schlaf gönne, verschwindet auch die Reizbarkeit. Ich fühlte mich ausgeruhter, und Emilio ist fröhlicher. So einfach ist das: In Symbiose mit einem nervösen Organismus zu leben macht nervös.

Manchmal nimmt diese symbiotische Beziehung dramatische Züge an. Als Vivien unser zweites Kind erwartet, sind wir sehr besorgt. Der Embryo wächst nicht so schnell, wie er sollte, heißt es. Eines Morgens kommt Vivien vom Gynäkologen zurück. Sie ist völlig aufgelöst – und ich auch. Später stellen wir fest, daß alles in Ordnung ist, aber im Augenblick stehen wir mit unseren Ängsten alleine da, und sie überschatten die Atmosphäre.

Ein paar Stunden später rennt Emilio den Fußweg entlang, stolpert und schlägt sich den Kopf an einem Eisentor an. Wir bringen ihn schleunigst ins Krankenhaus, wo die Wunde genäht werden muß. Bis zum heutigen Tag erinnert eine winzige Narbe auf Emilios Stirn an unsere kollektive Angst.

Zum Glück kann die emotionale Resonanz auch positive Wirkung haben. Es gibt Tage, an denen ich mich innerlich ausgeglichen und in Harmonie mit der ganzen Welt fühle, alles steht zum Besten, und die Kinder spiegeln meine Heiterkeit und Gelassenheit wider. An einem solchen Tag, nach fröhlichen, friedlichen Spielen, spontan und frei von Spannungen, sagt Emilio vor dem Schlafengehen zu mir: »Heute kriegst du von mir alle zehn Punkte.«

Auch unsere Wertvorstellungen können uns von unseren Kindern vorgespielt werden. Ich übe ziemlich oft Kritik an un-

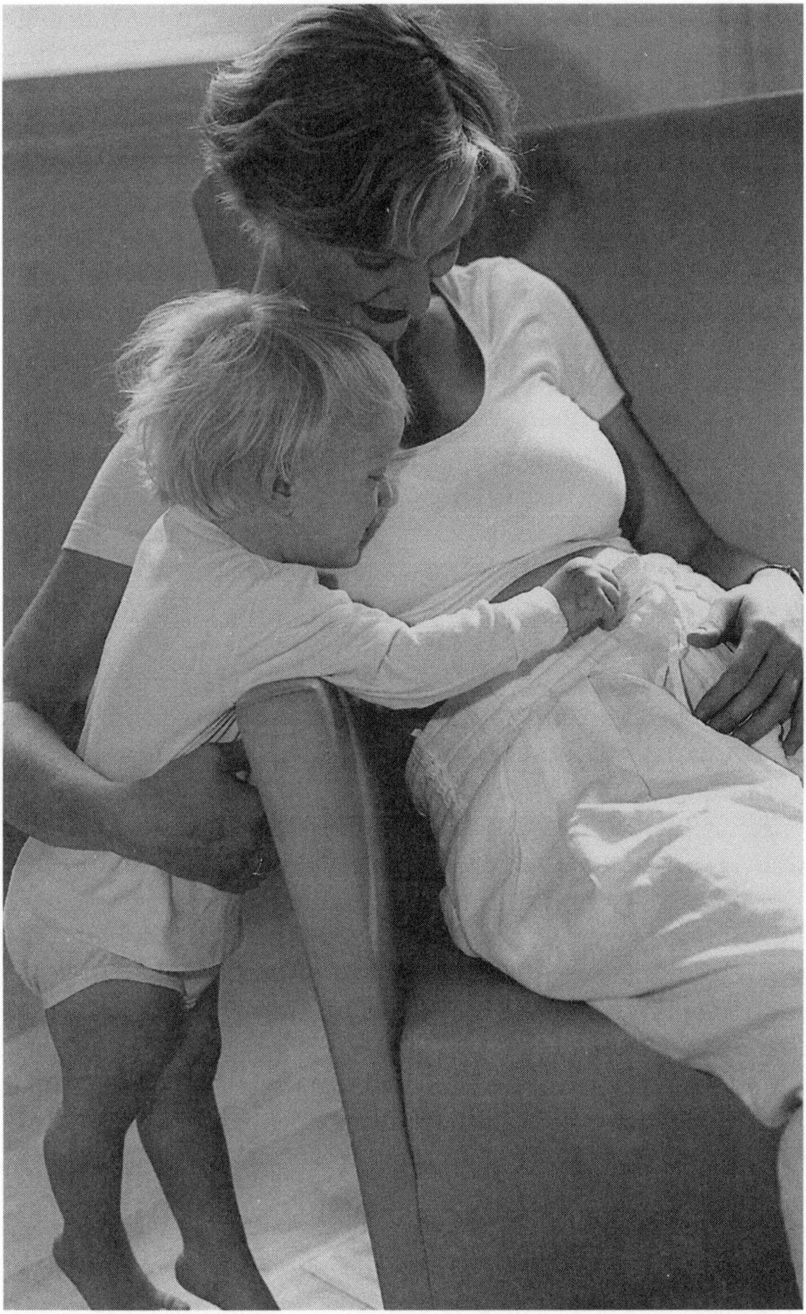

serer Konsumgesellschaft – außer, wenn ich an ihr teilhabe. Eines abends komme ich mit Geschenken beladen nach Hause. Emilio hatte mich um Buntpapier für eine Collage gebeten. Da ich nicht wußte, welche Sorte die richtige war, habe ich gleich sieben gekauft. Meine Zweifel werden bestätigt. Keines entspricht seinen Vorstellungen. Emilio ist unzufrieden, die Enttäuschung geht in Mißmut, danach in blanke Wut über: »Ich will mehr Geschenke! Kauf mir mehr Geschenke!« Mit der unerbittlichen allmählichen Steigerung, die für die klassischen griechischen Tragödien typisch sind, entwickelt sich die Verärgerung zu einem ausgewachsenen Tobsuchtsanfall – treten, brüllen, mit allem um sich werfen, was nicht niet- und nagelfest ist. Ich sehe dieses Kind an, das ich mit einer Fülle von Geschenken überhäuft habe, und das immer mehr verlangt, als ob es sein gutes Recht wäre. Ich sehe meine wahre, wenn auch uneingestandene Lebensphilosophie vor mir, die mir in konkreter Form sagt, daß Besitz glücklich machen, uns bei der Lösung von Problemen helfen und von Depressionen befreien kann. Das ist genau die Ideologie, die ich immer geleugnet und bekämpft, aber klammheimlich praktiziert habe. Mit dieser Philosophie bin ich nun konfrontiert, in Gestalt eines Kindes, das aufgebracht nach neuen Besitztümern verlangt.

Als Emilios Bruder zur Welt kommt, halte ich es für normal, daß er auf den Neuankömmling eifersüchtig ist – und alle Bekannten bestätigen meine Annahme. Jeder erwartet ein gewisses Maß an Eifersucht, und es dauert nicht lange, da häufen sich die gefährlichen kleine Streiche, zum Beispiel das Baby mit Plastilin füttern, aber auch kleine Gesundheitsprobleme und verschiedene Regressionen. Aber muß es so sein? Kollektive Erwartungen, Meinungen und Ängste waren mir schon immer verdächtig. Wie groß ist die Rolle, die wir Erwachsenen bei der Entstehung solcher Schwierigkeiten spielen? Sind sie wirklich unvermeidlich?

Ich bin überzeugt, daß wir unbewußt unsere Anschauungen bezüglich der Liebe auf unsere Kinder übertragen. Wir betrachten die Liebe wie einen Kuchen. Wir können nicht den ganzen haben, also wird er aufgeteilt, und da nicht genug für alle da ist, müssen wir kämpfen, um ein Stück zu ergattern. Auf diese Weise entstehen Rivalität und Konflikte. Solche Vorstellungen werden uns mit der Muttermilch eingeflößt, und wir geben sie an unsere eigenen Kinder weiter. Liebe ist unauflöslich mit der Angst verknüpft, sie zu verlieren oder nicht genug zu bekommen.

Mir wird diese Situation ein paar Nächte nach Jonathans Geburt bewußt. Emilio hat sich eine schlimme Erkältung zugezogen und wacht jede Viertelstunde auf, weil er keine Luft bekommt. Ich versuche vergeblich, ihm Nasentropfen schmackhaft zu machen. Jede Viertelstunde stehe ich auf und gehe zu ihm, um ihn zu trösten, in der Hoffnung, daß es das letzte Mal sein und er uns endlich schlafen lassen wird. Zum Schluß ändere ich die Taktik. Ich nehme ihn auf den Schoß und wiege meinen vierjährigen Sohn wie ein Baby. Dann lege ich ihn ins Bett zurück und betrachte ihn. Ich spüre, wie sehr ich ihn liebe, kann mich in seine Lage versetzen, sehe die Probleme, die er mit der Geburt seines kleinen Bruders hat. Ich lege eine Hand auf seine Brust, versuche, ihm Nähe und die ganze Fülle meiner Liebe zu übermitteln. Irgend etwas in mir verändert sich, und ich kann dieses Kind auf neue Weise lieben, ohne Ungeduld und ohne Widerspruch. Obwohl ich gezwungen sein werde, meine Zeit zwischen den beiden aufzuteilen, muß ich meine Liebe nicht teilen, die über mathematische Lehrsätze hinausgeht und unteilbar ist. Emilio schläft nach ein paar Minuten ein und wacht erst am Morgen wieder auf, erfrischt und erholt. Vielleicht war nicht die verstopfte Nase das Problem, sondern mein Kampf mit den Feinheiten der Liebe.

Ich erkenne, daß alle äußeren Geschehnisse eine Folge der inneren Geschehnisse sind. Die Ereignisse in der geräuschvollen, greifbaren Außenwelt, die mich umgibt, repräsentieren ein verdichtetes Abbild meiner stummen, fließenden, subjektiven Innenwelt. Beide sind nichts weiter als verschiedene Formen derselben Substanz, genau wie der Wasserdampf einer Wolke und ein reißender Strom verschiedene Formen des

Wassers sind. Diese Erkenntnis hat nachhaltige Konsequenzen. Sie gibt mir einen zusätzlichen Grund, meine Gefühle bewußter wahrzunehmen. Fühle ich mich heiter und gelöst? Tue ich mein Bestes? Bin ich glücklich? Von allen Gedanken ist der letztgenannte der eigennützigste. Aber er ist zugleich auch der selbstloseste, denn meine innere Freiheit, mein spirituelles Wachstum schlagen sich unausweichlich und unverzüglich in meinen Kindern nieder.

Dieser Gedanke wirkt darüber hinaus auch erleichternd. Ich muß mir nicht mehr pausenlos den Kopf zerbrechen, ob das, was ich tue, aus selbstsüchtigen oder selbstlosen Motiven geschieht. In meinem Verhalten sind beide Elemente vorhanden. Ich frage mich statt dessen, welcher mentale Zustand und welche Handlungsweise Glück und Freiheit aller Beteiligten am besten fördern. Und dann arbeite ich an der Verwirklichung dieser Ziele.

# Identität

*Ich spiele mit Emilio, bevor meine Arbeit beginnt. Irgendwann klebt er mir ein Abziehbild von einem Clown auf die Stirn, der Trompete spielt. Er amüsiert sich prächtig, und wir haben viel Spaß miteinander. Nach einer Weile verabschiede ich mich und fahre los. Das Abziehbild auf meiner Stirn habe ich völlig vergessen. Die Patienten, die an diesem Tag zur Psychotherapie kommen, lassen kein Sterbenswort verlauten. Ich merke, daß sie mich seltsam anschauen, ohne Ausnahme, was mir merkwürdig vorkommt.*

Aus irgendeinem unerfindlichen Grund laufen die Sitzungen heute besser als sonst, entspannter und lockerer. Erst am Abend, auf dem Heimweg, geht mir ein Licht auf. Ich würde es folgendermaßen beschreiben: Emilio hat meine festgefügte berufliche Rolle aufgeweicht.

Wer bin ich? Ich bin Psychologe, Ehemann, Vater. Das ist meine Identität nach der herkömmlichen Rollendefinition. So stelle ich mich anderen vor, die ich kennenlerne. Kürzel, hinter denen ich mich im Alltag verschanze, Schablonen, in denen ich Zuflucht vor dem Chaos finde. Rollen sind praktisch. Ich kann mir nicht bei jeder Gelegenheit die Zeit nehmen, meine Lebensgeschichte in aller Ausführlichkeit zu erzählen. Rollen vereinfachen das Leben. Ich gehe beispielsweise zum Arzt und weiß von vornherein, daß er sich nicht wie ein Vertreter verhalten wird, der seine Waren an der Haustür verhökert. Nichts wirkt beruhigender: Wenn ich eine genau umrissene Rolle habe, bin ich wer. Rollen sind die Rädchen, die das Getriebe des Lebens in Gang halten.

Alles wäre bestens, wenn es da nicht ein kleines Problem gäbe: Wir gewöhnen uns mit der Zeit an unsere Rollen, kleben an ihnen und verwechseln sie am Schluß mit unserer wahren Identität. Und so übernimmt unser falsches und unvollständiges Selbst das Kommando. Wir werden zur bloßen Fassade degradiert, während unsere geheimnisvolle, schöpferische Seele verlorengeht.

Rollen gehen mit vorhersehbaren, stereotypen Verhaltensmustern einher. Sie repräsentieren nicht alle Aspekte des Menschen, nicht sein ganzes Potential. Das Rohmaterial, aus dem wir bestehen, ist viel ursprünglicher und interessanter. Wir können nur wachsen und uns stetig weiterentwickeln, wenn wir den schützenden Panzer unserer Rollen ablegen. Die Fassade, hinter der wir uns verbergen, muß einen Riß erhalten, durch den wir einen Blick in eine reichere, lebendigere Welt werfen können.

Und genau das ist der Punkt, an dem Kinder den Hebel ansetzen. Warum? Weil sie die außergewöhnliche Fähigkeit besitzen, unsere starren Rollenmuster aufzubrechen. Für mich war und ist das eine sehr intensive, bisweilen schmerzhafte, manchmal aber auch urkomische Erfahrung. Es gibt beispielsweise eine Zeit, in der Emilio fuchsteufelswild reagiert, wenn das Telefon läutet. Ich kann seine Frustration verstehen. Wenn ich abends nach Hause komme und er mich den ganzen Tag nicht gesehen hat, möchte er unser Beisammensein ungestört genießen. Ich lese ihm eine Geschichte vor und das Telefon klingelt – einmal, zweimal, dreimal, viermal. Das ist nicht fair. Trotzdem muß ich rangehen, das gehört zu meiner Arbeit. Also rächt er sich. Er schreit Zetermordio, drückt sämtliche Knöpfe auf der Tastatur und macht jedes Gespräch zu einer Farce oder gar unmöglich.

Was mag in solchen Situationen am anderen Ende der Leitung vor sich gehen? Der Anrufer könnte ein Patient sein oder – schlimmer noch – ein potentieller Patient, der unsicher und beklommen Kontakt zu mir aufnimmt. Was mag er von mir denken bei diesem Tohuwabohu – mein Handgemenge mit Emilio, um ihn von den Tasten fernzuhalten, sein wütendes Gebrüll, der Hörer, der auf den Boden knallt? Einmal, als ich mich gerade mit allen Mitteln der Kunst bemühe, ihn außer Reichweite des Telefons zu halten, schreit er gleich mehrmals: »Du tust mir weh, du tust mir weh!« Der potentielle Patient verabschiedet sich äußerst hastig und verschwindet auf Nimmerwiedersehen.

Meine berufliche Identität steht auf dem Spiel. In solchen Augenblicken fühle ich mich bis auf die Knochen blamiert. Meine Rolle als kompetenter Psychologe mit einem ausgewogenen, harmonischen Leben gerät ziemlich ins Wanken, genauso wie meine makellose Fassade, wenn ich bei der Arbeit plötzlich Speicheltropfen auf meiner Kleidung entdecke. Dann werde ich menschlicher und verwundbarer. Und meine Patienten nehmen mich unverhofft aus einer ganz anderen Perspektive wahr.

Ein Stück Selbstenthüllung kann in meinem Arbeitsbereich sogar von Vorteil sein. Wichtig ist jedoch, daß meine berufliche Maske zu bröckeln beginnt, und mit ihr die Sicherheit, die sie mir verliehen hat. Hinter dieser festgefügten Rolle pulsiert das Leben, das sich nicht in eine starre Struktur pressen läßt. Meine Abwehrmechanismen sind geschwächt. Und auch ich sehe mich plötzlich mit anderen Augen.

Das gleiche Prinzip macht sich auch in einer anderen Rolle bemerkbar, einer, an der ich besonders hänge: an der des Autors. Jahrelang hatte ich als Junggeselle, frei von allen familiären Bindungen, Bücher verfaßt, so oft es meine Zeit erlaubte – nur wenige, aber sorgfältig recherchierte und produzierte. Ich behielt, wenn möglich, ganze Tage ausschließlich diesem Hobby vor. Ich hatte das Schreiben zu einem Ritual erhoben. Ich verwendete nur weißes Papier, perfekt gespitzte Bleistifte und den Computer. Mein Glasschreibtisch unter dem Fenster mußte leer und makellos sauber sein, um den Himmel zu spiegeln. Nur dann war ich offen für eine Inspiration, brauchte nur noch auf den Kuß der Muse zu warten. Wenn ich schrieb, fühlte ich mich wichtig. Ich war überzeugt, daß ich der Welt etwas zu sagen hatte.

Nun hat sich das Szenario grundlegend geändert. Legobausteine, Keksbrösel, Emilios Zeichnungen, eine Haarspange der Babysitterin, die noch ungelesene Zeitung der letzten Woche, Jonathans Spielzeug, Briefe, die ich aus Zeitmangel noch nicht beantworten konnte, Einkaufslisten, Kieselsteine und Hagebutten, Trinkhalme, ein grauenhaft verschmierter Computerbildschirm ... – so sieht die Landschaft auf meinem Schreibtisch aus. Den Himmel kann ich vergessen. Inzwischen habe ich nur noch in den frühen Morgenstunden eine Chance, ungestört zu schreiben. Und das auch nur solange, bis ein gebieterischer Ruf aus dem Kinderzimmer an mein Ohr dringt. Der Tag bricht an. Der berühmte Autor verschwindet spurlos.

Und was ist mit der Rolle als Sexualpartner? Studien belegen, daß die sexuelle Identität verstärkt wird, wenn wir Kinder haben. Ein Mann fühlt sich mehr als Mann, eine Frau mehr als Frau. Auf mich trifft das nicht zu. Bei mir ist der weibliche Part ausgeprägter geworden. Ich bin zu der Erkenntnis gelangt, daß sich Männer und Frauen im großen und ganzen ziemlich gleichen, abgesehen von einigen physiologischen Funktionen wie Gebären und Stillen. Väter und Mütter sind gleichermaßen imstande, ihre Kinder zu lieben und zu beschützen, ihnen Nahrung, Anregung und Führung angedeihen zu lassen, mit Puppen oder mit der elektrischen Eisenbahn zu spielen – wenn sie es wollen. Die Vaterschaft hat mir ermöglicht, die künstlich geschaffenen Barrieren zwischen den Geschlechtern zu überwinden. Ich bin mit Aufgabenstellungen und Empfindungen in Berührung gekommen, die traditionsgemäß Frauen zugeschrieben wurden – Fürsorglichkeit, Zärtlichkeit, das Bedürfnis, zu beschützen –, von denen Männer in unserer Gesellschaft im allgemeinen ausgeschlossen sind.

Ich bemerke diesen Wandel eines Tages auf dem Spielplatz, als ich mich mit einigen Müttern über Belanglosigkeiten unterhalte, beispielsweise die beste Windelmarke. Plötzlich fühle ich mich beklommen und habe das dringende Bedürfnis, mich aus dem Staub zu machen und mich ausschließlich mit Männersachen zu befassen, wie Motoren, Computer oder Fußball.

Aber ich bleibe standhaft. Ängste fallen in mein Metier, damit verdiene ich meine Brötchen. Ich schaue ihnen mutig ins Gesicht, denn ich weiß, daß sich manchmal Überraschungen dahinter verbergen. Auf diese Weise entdecke in eine verborgene Welt, einen Teil von mir, den ich nicht kannte. Er ist befähigt, Zeit zu verschwenden, auch mit Belanglosigkeiten fertigzuwerden, anderen auch in den kleinen Dingen des Alltags fürsorglich zu begegnen, mein Tempo zu drosseln, still zuzuschauen, wie ein kleiner Baum jeden Tag ein Stück wächst, und allgemein mit den weniger spektakulären und tiefgründigen Dingen im Leben auf Tuchfühlung zu gehen, menschliche Wärme, Interesse und Sanftmut zu entwickeln, ohne einen Zweck damit zu verfolgen. Nennen Sie es die weibliche Seite, wenn Sie möchten. Ich ziehe es vor, diesen Aspekt nicht in eine Schublade zu stecken, sondern ihn einfach als Teil meines Potentials zu betrachten.

Entdeckungen im Überfluß. Eines Tages habe ich wieder einmal einen Nierenstein – eine kurze, wenn auch schmerzhafte Angelegenheit. In meinem Fall ist sie lange nicht so problematisch, wie man annehmen könnte. Der Krankenwagen bringt mich in die Notaufnahme. Trotz der Beschwerden bin ich ungeduldig und kann es kaum erwarten, die Klinik wieder zu verlassen. Ich betrachte den Nierenstein wie eine gewöhnliche Erkältung, und innerhalb weniger Stunden bin ich ihn los. Noch am selben Abend werde nach Hause entlassen. Zehn Jahre zuvor hatte ich das gleiche Problem, aber meine Reaktion war ganz anders. Ich hatte Todesangst, hielt zwei Wochen lang strikte Bettruhe und war dankbar für den Strom von Besuchern, die gekommen waren, um mir zu versichern, daß ich nicht daran sterben würde.

Nun habe ich keine Zeit mehr, mir um mich selbst Sorgen zu machen. Ich stehe an vorderster Front, werde gebraucht und kann es mir nicht leisten, krank zu sein. Ich lasse mich nicht mehr von den kleinen Mißlichkeiten im Leben aus der Ruhe bringen. Ich fühle mich widerstandsfähiger, robuster. Das ist eine Seite meines Selbsts, zu der ich den Kontakt verloren hatte, und ich bin froh, ihn wiedergefunden zu haben.

Alle Entdeckungen sind nützlich, obwohl nicht gleichermaßen ermutigend. Eines Tages stelle ich beispielsweise fest, daß ich nicht so tolerant bin, wie ich mir eigentlich eingebildet hatte. Ich war immer der Überzeugung gewesen, meine Kinder nach demokratischem Muster zu erziehen. Viele Leute halten mir vor, ich ließe ihnen zuviel durchgehen. Der Gedanke, daß Kinder Grenzen brauchen – wie jedermann unablässig predigt – hat von jeher Unbehagen in mir geweckt. Das ist nach meinem Dafürhalten ein veraltetes, unannehmbares Klischee. Mir gefällt es, daß meine Kinder keine angepaßten Duckmäuser sind und ihre eigene Meinung haben. Ich bin froh, wenn man ihnen Raum läßt, ihren eigenen Wünschen Ausdruck zu verleihen. Blinder Gehorsam und Konformität waren schon immer Ecksteine für die schlimmsten Verbrechen, die von der Menschheit begangen wurden.

Mich erwartet eine Überraschung. Was ich zu sein glaube und was ich wirklich bin sind zwei paar Schuhe. Ein Beispiel: Ich stehe seit einiger Zeit mit Emilio häufig auf Kriegsfuß. Er tut grundsätzlich nicht, was ich ihm sage. »Wasch dir die Ohren!« »Nein!« »Es ist Zeit zum Anziehen!« Nichts rührt sich. »Wir müssen los, wir sind spät dran!« »Geh doch alleine!« »Komm zum Essen!« Er stellt sich taub. Die demokratische, tolerante Persönlichkeit löst sich in ihre Bestandteile auf, Wut steigt in mir hoch. Bei einer dieser zahlreichen Reibereien ertappe ich mich dabei, wie ich sage: »Schluß mit den Widerworten, tu, was ich dir sage!«

Falls Emilio nicht auf der Stelle pariert, empfinde ich das als persönlichen Affront. Die schockierende Machtprobe raubt mir die Fassung. Wie kann er es wagen? Stück für Stück greift diese Einstellung auch auf andere Bereiche über. In dieser Zeit habe ich einen vielsagenden Traum: Ich habe eine Leiche in meinem Haus versteckt, obwohl sie bereits verwest ist und stinkt. Bald verstehe ich: Die Leiche ist meine alte autoritäre Einstellung, ein Relikt aus der Vergangenheit.

Wenn alles wie am Schnürchen läuft, bin ich Anarchist und Freidenker, aber wenn mir eine Situation zu entgleiten droht, entscheide ich mich für den Weg des geringsten Widerstands. Dann werde ich zum Diktator.

Normalerweise gebe ich Emilio eine lange Leine, doch wenn ich müde, abgespannt oder gereizt bin, ziehe ich die Zügel an, dann falle ich in ein Verhaltensmuster zurück, das älter und tiefer verwurzelt ist. Ich spiele meine Autorität aus, die ohne Erklärung einsame Entscheidungen trifft und ihr eigenes Handeln als richtig bestätigt, ohne einen Kompromiß zuzulassen: Tu, was ich dir sage!

Ja, wir erzählen uns nette Geschichten über uns selbst, aber häufig stimmen sie nicht im mindesten mit dem Menschen überein, der wir wirklich sind. Die leichte, sichtbare Seite des Mondes erscheint uns heiter. Aber wir sollten die dunkle, die Kehrseite nicht vergessen. Um uns ganzheitlich zu fühlen, müssen wir beide kennen.

Nehmen wir beispielsweise die Wut. Niemand kann mich so in Rage versetzen wie Emilio. Das ist ein Gefühl, dessen Intensität mich überrascht. Ich halte mich eigentlich für einen vernunftgepolten Menschen. Doch bei Emilio, meinem eigenen Sohn, den ich von ganzem Herzen liebe, spüre ich manchmal eine Wut in mir hochsteigen, die so mächtig ist wie ein Vulkan. Jonathan ist noch zu jung, um mich auf die Palme zu bringen, aber durchaus fähig, mir den letzten Nerv zu rauben, wenn er beispielsweise alle zwanzig Minuten aufwacht und sich von einem stillen Baby in ein Buch mit sieben Siegeln verwandelt.

Dasselbe gilt für andere Emotionen, wie Niedergeschlagenheit und Verzweiflung. Es gibt Zeiten, da fühle ich mich meiner Freiheit beraubt, vereinnahmt, eingesperrt in einem Leben, das nicht mehr mir gehört. Dann ist mir, als hätte ich mich selbst verloren, als wäre ich in einem Leben gefangen, das durch meine eigene Mitwirkung entstanden ist, mit Sklavenarbeit in einer Tretmühle beschäftigt, die mir weder gedankt wird noch Sinn macht. Ich befürchte, daß ich bei der Erziehung meiner Kinder versagt habe, und wie in einem Alptraum sehe ich meine Zukunft vor mir: Meine Söhne geraten auf die schiefe Bahn oder wollen nichts mehr von mir wissen, wenn ich steinalt bin. Ich entwickle Phantasien von meinem Tod oder spurlosen Verschwinden. Das sind die Abgründe in meinem Leben.

Zum Glück lebe ich die Wut nicht aus, und ich glaube auch nicht, daß ich wirklich verzweifelt bin. Aber diese Gefühle existieren, neu, intensiv und bisweilen grauenerregend. Meine Kinder bringen mich in Kontakt mit Aspekten meines Selbst, die mir unbekannt waren. Ich weiß, daß ich selbst den schrecklichsten und gewalttätigsten Situationen unerschrocken ins Gesicht sehen muß, um mein Leben besser zu bewältigen und mich ganzheitlich zu fühlen.

Obwohl ich zeitweilig einen Tiefpunkt erreiche und das volle Maß der Wut oder des Unglücklichseins empfinde, habe ich mit meinen Kindern auch unbeschreibliche Höhen der Lie-

be und Freude erlebt. Diese Augenblicke wiegen Jahre der Zweifel und Enttäuschung auf. Ich bringe Jonathan zu Bett, und wie so oft hören wir ein Adagio von Mozart. Ich halte ihn in meinen Armen und wiege ihn. Seine vertrauensvolle, bedingungslose Hingabe ist ein Geschenk, eine der außergewöhnlichen Gaben des Lebens. Ich bin von Dankbarkeit erfüllt. Und wenn ich Emilio mit seinen goldenen Locken, seinem spitzbübischen Lächeln und seine zarten Gesichtszügen anschaue, macht mich seine Schönheit sprachlos. Manchmal reicht es aus, meine schlafenden Kinder zu betrachten oder eine halbe Stunde mit ihnen zu spielen, und manchmal genügt ein Lachen, ein Wort oder eine Geste von Emilio oder Jonathan und ich denke: »Ich fühle mich vollkommen glücklich, und es würde mir nichts ausmachen, wenn ich in diesem Moment sterben müßte.«

Ich spüre, daß ich meine Fühler neuerdings in eine weitere Dimension ausstrecke, nicht nur in die Tiefen und Höhen meiner Psyche, sondern auch in die frühere Zeit. Bevor ich Kinder hatte, fühlte ich mich abgeschottet wie in einem Kokon, ohne Beziehung zur Geschichte. Erst jetzt ist mir bewußt, daß ich am Spiel der Generationen teilhabe, daß ich ein Glied in der Kette bin, die seit Hunderten und Tausenden von Jahren von der Menschenfamilie gebildet wird. Wir werden geboren, reifen heran, vermehren uns, werden alt, sterben, und unsere Kinder setzen den Kreislauf fort. Das Rad des Lebens dreht sich bis in alle Ewigkeit. Das wird mir eines Tages auf schockierende Weise klar.

Emilio, verärgert, weil ich ihn nicht mit meiner Kamera spielen lasse, sagt, daß alle meine Besitztümer ihm gehören werden, wenn ich tot bin. Plötzlich sehe ich mich der unerschrockenen neuen Generation gegenüber. Als ich weder Frau noch Nachwuchs hatte, war ich nichts weiter als ein zu groß geratenes Kind. Niemand stellte sich mir in den Weg. Niemand drohte mir, mich zu entmachten, niemand wies mich darauf hin, daß er den Zenit seiner Stärke ausgerechnet dann erreichen würde, wenn ich alt und schwach sein werde. Niemand signalisierte mir, daß er meinen Platz in der Gesellschaft übernehmen würde, daß er spielen, Leben erschaffen und das Leben genießen würde, wenn ich mich in Staub verwandelt hätte.

Diese Gedanken bedrücken mich. Aber bald kehrt meine Heiterkeit zurück. Ich erkenne meinen Platz in der Kette der menschlichen Existenz, die weit über meine Person hinausreicht. Ich fühle mich den Menschen verbunden, die vor mir waren, der Generation meiner Eltern, die ich gut kenne, der meiner Großeltern, eine vage Erinnerung, der meiner Urgroßeltern, von denen meine Eltern manchmal gesprochen haben, und der meiner Vorfahren in einer fernen Vergangenheit. Ich denke, daß ich möglicherweise Enkelkinder haben werde, und male mir die Beziehung zu ihnen aus. Ich überlege, wie die Welt, in der sie leben werden, dann wohl beschaffen sein mag, vielleicht zerstört nach Umweltkatastrophen oder offener und harmonischer. Ich stelle mir vor, wie deren Nachfahren leben könnten, für die ich nicht mehr sein werde als eine vage Erinnerung, ein isoliertes Einzelwesen. Irgendein Aspekt meines Selbst wird in ihnen weiterleben, auch wenn sie es nicht wissen – eine Denkweise, ein Charakterzug oder eine Gewohnheit – genauso wie ich unbewußt den einen oder anderen Aspekt meiner eigenen Vorfahren verkörpere.

Ich stelle mir weit entfernte Generationen vor, Vergangenheit und Zukunft, mit der ich ebenfalls einige Merkmale gemein habe, und ich sehe unsere menschliche Existenz mit distanziertem Blick. Das Leben kommt mir wie ein winziger Augenblick in einer unermeßlichen Zeitspanne vor, eine Zeit, die einen anderen Rahmen um bedeutende Ereignisse bildet. Ich bin kein isoliertes Einzelwesen mehr, das in einer Pseudogegenwart lebt, sondern Teil eines gewaltigen Unterfangens, das sich durch die Jahrhunderte fortsetzt. Ich spüre, daß ich der Menschenfamilie angehöre.

Meine Identität hat sich ausgedehnt und neue Formen angenommen. Sie ist reicher und vielfältiger geworden. Mit zunehmender Bewußtheit erweitert sich auch das Bild, das ich von mir selbst habe. Ich bin ein anderer Mensch geworden. Dennoch taucht immer wieder beharrlich die gleiche Frage auf: Wer bin ich? Im Mittelpunkt all dieser Dimensionen, die sich gedehnt, verbreitert und geklärt haben, stehe ich. Hier spüre ich das Sein, das weder Gedanke noch Emotion ist, sondern reines Sein in einem Augenblick, der keine Zeit kennt. Es ist ein uneingeschränktes Sein, losgelöst von den Höhen und Tiefen des Gefühlslebens, von den Schwankungen zwischen widersprüchlichen Charaktereigenschaften, von der Ebbe und Flut menschlicher Angelegenheiten.

Es ist diese Essenz des Seins, die immer die gleiche bleibt in Raum und Zeit, der tiefste Kern meines Selbst, ungetrübt vom Schmerz, unberührt von den Ereignissen des Lebens. Mich auf diese Weise zu finden, erfüllt mich mit heiterer Gelassenheit: wie tiefe, reine Atemzüge in der Unendlichkeit des Universums. Wenn es ein Leben nach dem Tod gibt, dann muß es so sein.

# Wahrheit

*Die Torte sieht köstlich aus, frisch aus dem Ofen, und der Duft steigt mir verführerisch in die Nase. Ein dünner Mürbeteigboden, mit Schwarzkirschen belegt. Aber sie strotzt vor Zucker, Fett und gebleichtem Mehl, und Emilio steht neben mir. Ich muß ihm mit gutem Beispiel vorangehen. Vivien und ich haben uns geschworen, auf eine gesunde Ernährung zu achten, schon seinen Zähnen zuliebe.*

Aber die Torte ist unwiderstehlich, meine Gelüste gewinnen die Oberhand. Warum muß ich mich eigentlich kasteien? Ich kaufe ein Stück, klammheimlich, und für Emilio ein Vollkornbrötchen. Das wird ihn ablenken. Ich lasse den Kuchen in der Hand verschwinden, drehe ihm den Rücken zu und beginne gierig zu essen, bemüht, mich unsichtbar zu machen. Emilio merkt auf den ersten Blick, daß etwas nicht stimmt, und verlangt energisch, abzubeißen. »Hmmm, war das Brötchen gut!« sage ich und schlucke den letzten Bissen der Torte schnellstmöglich hinunter. Emilio verschmäht das Brötchen. Er wirft es voller Verachtung auf den Boden.

Eiskalt erwischt! Wäre ich alleine gewesen, hätte ich den Kuchen in aller Ruhe und mit Genuß gegessen. In Emilios Gegenwart habe ich keine andere Wahl, als mich so zu sehen, wie ich wirklich bin. Ich kann mir nichts vormachen, kann mich nicht belügen, kann mich nicht ausklinken. So ergeht es mir jeden Tag mit meinen Kindern. Wenn sie sich in der Nähe befinden, ist es mir verwehrt, mich Illusionen hinzugeben. Ich werde unweigerlich mit dem Menschen konfrontiert, der ich nun mal bin.

Jonathan entdeckt in der Einkaufstasche eine Ananas, ein Riesenexemplar. Er schleppt sie mit Mühe an, legt sie vor mich hin, schaut mich an und sagt: »Hamm.« Ich bin müde, will meine Ruhe haben. Ich habe keine Lust, sie zu schälen und für ihn in mundgerechte Stücke zu schneiden. Außerdem hat er bereits gegessen. Ich sage: »Dann iß sie doch.« Erbost schiebt Jonathan die Ananas näher an mich heran und sagt: »Mä.« (Was Messer bedeutet.) Wieder bin ich beim Mogeln erwischt worden. Meine Kinder führen mir die kleinen Tricks und Widersprüchlichkeiten vor Augen, mit denen ich versuche, mich durch die Klippen des Alltags zu schummeln.

Und so wächst die Wahrheit in mir, jeden Tag ein Stück mehr. Ich lerne mich zunehmend besser kennen. Es mag eine Roßkur sein, aber letztendlich hat sie Erfolg. Die Wahrheit wirkt wie ein belebendes Tonikum. Ich wache aus meinem Dornröschenschlaf auf, bin kein Traumtänzer mehr. Ich fühle mich lebendig, sehe, was ich bin und wie die Dinge stehen, kann die Augen nicht mehr vor Wahrheiten verschließen, die häufig scharfe Kanten und Unzulänglichkeiten, aber eine klare Botschaft haben.

Manchmal kommt die Wahrheit in dramatischen Augenblicken von selbst ans Tageslicht. Bei uns ist ein Familienstreit im Gange. Emilio hat wieder einen seiner gefürchteten Tobsuchtsanfälle. Ich laufe hinter ihm her, überschütte ihn mit Vorwürfen, desgleichen Vivien. Emilio kippt in seiner Wut ein paar Stühle um. Das reinste Chaos. Plötzlich hören wir ein leises, zitterndes Stimmchen: »Nein!« Es ist Jonathan auf seinem Hochsitz. Er hat die Hände vors Gesicht geschlagen und beobachtet uns entsetzt. Wie konnte es so weit kommen? Wir stehen reglos da, sind alle drei zur Salzsäule erstarrt. Wir schauen uns an, bieten einen denkwürdigen Anblick. Dann lachen wir verlegen. Man kann verblüffende Entdeckungen machen, wenn man sich mit den Augen eines Kindes betrachtet.

Manchmal habe ich das Gefühl, in einen Spiegel zu schauen. Das liegt daran, daß meine Kinder mich unbewußt nachahmen. Kinder lernen durch Nachahmung. Sie imitieren unsere Gesten, unser Verhalten, unsere Stimmen. Obwohl sie Individuen sind, hat man manchmal den Eindruck, als wären sie geklonte Reproduktionen im Miniaturformat. Wir erkennen uns selbst in ihnen, sehen, wie wir uns am Kopf kratzen, wenn wir angestrengt über ein Problem nachdenken, wie wir fluchen, wie wir den Telefonhörer in der Hand halten, wie wir essen. Kinder, die Erwachsene imitieren, amüsieren uns. Doch wenn wir genau hinschauen, finden wir die Darbietung nicht mehr so komisch. Wir erkennen, daß wir einen Blick auf uns selbst und unsere Gewohnheiten werfen.

Eines Tages lasse ich versehentlich ein Stück Papier fallen. Emilio deutet mit erhobenem Finger und puterrotem Kopf auf mich und ruft erbost aus: »Das tut man nicht! Aufheben, aber dalli!« Ein urkomisches Bild bietet dieses Kind, das wie ein Moralapostel auf der Kanzel wettert. Doch dann wird mir bewußt, daß es genau die Art ist, wie ich mit ihm rede, den Finger belehrend erhoben, wenn er in seiner Wut Sachen auf den Boden wirft. Der Moralapostel bin ich!

Wie unangenehm solche Entdeckungen auch sein mögen, sie sind nie demütigend. Ich fühle mich nicht erniedrigt, sondern sehe darin eine Chance, wieder einmal eine Bestandsaufnahme von mir selbst zu machen. Sie beinhalten immer eine Portion unfreiwilligen Humors, der mir die Augen für den Menschen öffnet, der ich wirklich bin.

Ich bringe Emilio ins Bett. Das Licht ist aus. Es ist schon spät, allerhöchste Zeit zum Schlafen. Ich erzähle ihm eine Gutenacht-Geschichte, nachdem ich ihm das Versprechen abgenommen habe, daß er sich mit einer zufrieden gibt. Kaum ist sie zu Ende, kommt, wie nicht anders zu erwarten, die Aufforderung: »Noch eine!« »Emilio, wir haben uns darauf geeinigt, nur eine, dann wird geschlafen!« »Noch eine, sonst kriegst du einen Tritt!« Ich bin völlig perplex über die Antwort und den schrillen Tonfall, der die friedliche Stille durchdringt. Ein Bilderbuchbeispiel für eine Erpressung. Wo hat dieses Kind (das immer mit Achtung und Liebe behandelt, nie von uns geschlagen oder zu etwas gezwungen wurde) solche Drohungen aufgeschnappt? Von mir natürlich. Hatte ich nicht gerade erst gesagt: »Wenn du jetzt nicht sofort ins Bett gehst, fällt die Gutenacht-Geschichte aus.«

Ja, ich muß zu meiner Schande gestehen, daß Drohungen im Zuge der Interaktionen mit meinen Kindern an der Tagesordnung sind. Damit befinde ich mich allerdings in guter Gesellschaft, denn sie sind in vielen sozialen Beziehungen gang und gäbe, wenn auch in verbrämter Form: Falls Sie die Rechnung nicht bis zum ... begleichen, sehen wir uns leider gezwungen, den Strom zu sperren. Falls Sie in geschlossenen Ortschaften schneller als fünfzig fahren, müssen wir Sie mit einem Bußgeld verwarnen. Benimm dich anständig, sonst gibt es Ärger.

Emilio kippelt mit dem Stuhl, obwohl ich ihn schon tausendmal ermahnt habe, damit aufzuhören. Er macht trotzig weiter, und prompt fällt er herunter und tut sich weh. »Geschieht dir recht«, sage ich. Ein paar Tage später stoße ich mir das Schienbein an, als ich in aller Eile ins Auto einsteigen will. Während ich vor Schmerzen von einem Bein aufs andere hüpfe, ertönt Emilios Stimme aus dem Wageninnern: »Geschieht dir recht.« Mein Bein tut höllisch weh, aber ich bin völlig geplättet. Mein Sohn hält mir den Spiegel vor, also muß ich wohl eine sadistische Ader haben. In dem Moment, in dem ein anderer Schmerzen leidet, triumphiere ich und beweise ihm, daß ich es ja schon von Anfang an gewußt habe. Kinder sind unser getreues Abbild.

Doch die Wahrheit kann befreiend wirken. In aller Regel haben wir ein Zerrbild von uns selbst entwickelt, ein geschöntes. In diesem Punkt sind sich die Psychologen einig: Unsere Innenwelt gleicht einem diktatorischen Regime, in dem die Propaganda den Platz der Wahrheit einnimmt. Wir liefern uns ein illusorisches Selbstbild, unterdrücken die Informationen, die uns nicht gefallen. Deshalb sind wir oft überrascht, irritiert oder auch beunruhigt, wenn wir Fotos von uns sehen oder unsere Stimme zum erstenmal auf einem Tonband hören. Wir ziehen den schönen Schein vor. Genau diese Erfahrung mache ich immer wieder im Zusammenleben mit meinen Kindern.

Bei kleinen Kindern, die arglos und unverbildet sind, machen Lügen uns das Leben leichter. Eine Mutter und ihre kleine Tochter sind im Park auf dem Spielplatz. Die Mutter will nach Hause, das Kind möchte noch bleiben und rührt sich nicht von der Stelle. Die Mutter droht: »Gleich kommt der böse Wolf, der frißt alle kleinen Kinder.« Das Mädchen fügt sich widerspruchslos. Ist es richtig, Kinder mit solchen Tricks zum Gehorsam zu erziehen?

Ich weiß, wie gräßlich ich mich fühle, wenn ich beim Lügen erwischt werde. Emilio, zwei Jahre alt, möchte Fischstäbchen. Es sind noch ein paar übrig, im Kühlschrank, aber er hat sich bereits den Bauch damit vollgeschlagen. Trotzdem erinnert er sich an den Rest und will ihn unbedingt haben. Nachdem ich ihm erfolglos Obst zum Nachtisch angeboten habe, weiß ich mir keinen Rat mehr und greife zu einer Notlüge: »Es sind keine mehr da. Du hast alle verputzt.« Woraufhin Emilio den Kühlschrank fixiert und meint: »Schau nach!« Er möchte sich vergewissern. Noch ein paar Ausweichmanöver meinerseits, dann sehe ich mich gezwungen, den Kühlschrank zu öffnen. Und da sind sie natürlich, die Fischstäbchen, in ihrer ganzen Pracht und Herrlichkeit, der Heilige Gral der kulinarischen Schätze, dem bösen Drachen abgeluchst. Der Lügenbold Vater ist besiegt. Und wie erklärt der Vater seine Lüge? So pathetisch wie möglich: »Mein Gott, bin ich vergeßlich. Ich dachte, es seien keine mehr da. Tut mir leid.«

Ich habe keinen blassen Schimmer, was Emilio jetzt denkt. Er scheint nur an den Fischstäbchen interessiert zu sein und nicht, wie wir Erwachsenen, an Schuldzuweisungen oder Triumphgeheul. Trotzdem fühle ich mich entlarvt. Auch wenn ich mit der Ausrede durchgekommen wäre, hätte ich mich nicht besser gefühlt. Ich begreife, hier und jetzt, daß dadurch im Lauf der Zeit eine unsichtbare Mauer zwischen Eltern und Kindern entsteht, die sich am Ende als Hürde für jede Form der Kommunikation erweist. Ich sehe, daß die gelungene Täuschung nach und nach zum Weg des geringsten Widerstands werden kann, wobei es nicht nur um Fischstäbchen geht, sondern um jeden Aspekt des Lebens oder des Selbst. Ich verberge nicht nur verbotene Nahrung im Kühlschrank, sondern letztendlich mein wahres Ich.

Für viele Erwachsene sind solche Täuschungen zur eingefleischten Gewohnheit geworden. Kinder empfinden sie als Ärgernis. Ich erinnere mich an meinen ersten Zahnarztbesuch, an die Faszination der technischen Ausrüstung, der Bohrer, gleißenden Lampen, Knöpfe, Wasserstrahlen und der glitzernden Instrumente. Der Zahnarzt sagte mit einem gewissen beruflichen Stolz zu mir: »Ich wette, daß du auch Zahnarzt werden möchtest, wenn du groß bist.« Meine Mutter, die neben mir stand, schlug in die gleiche Kerbe: »Ja, das ist eine gute Idee! Dann kannst du mit all diesen Geräten spielen, so lange du willst.« Mir gefiel der Gedanke, und kaum hatte ich die Praxis verlassen, sagte ich zu meiner Mutter: »Ich will Zahnarzt

werden, wenn ich groß bin.« Und was erwidert meine Mutter: »Igitt, bloß nicht! Stell dir doch mal vor, wie eklig es ist, fremden Leuten den ganzen Tag im Mund herumzufuhrwerken!«

Die Vorstellung von einem Leben, in dem es von morgens bis abends nur noch speicheltriefende Münder gab, reichte für einen Sinneswandel aus. Aber der unverhoffte Meinungsumschwung meiner Mutter brachte mich aus der Fassung. Ausgerechnet sie, die mir ständig predigte, immer die Wahrheit zu sagen, hatte zehn Minuten vorher behauptet, Zahnarzt sei ein wunderbarer Beruf, und nun sagte sie plötzlich das Gegenteil! Ich gelangte zu der Schlußfolgerung, daß Unaufrichtigkeiten in der Welt der Erwachsenen vermutlich am laufenden Band produziert wurden.

Die Widersprüche zwischen Wort und Tat sind für Kinder augenfällig. Ich erkläre Jonathan, daß wir die Straße überqueren, sobald das kleine grüne Männchen in der Ampel aufleuchtet, beim roten Männchen muß man immer stehenbleiben. Jonathan findet das Spiel herrlich. An jeder Kreuzung brüllt er voller Freude: »Rotes Männlein! Rotes Männlein!« Eines Tages bin ich in Eile und gehe mit ihm bei Rot über die Straße. Er reagiert wütend und verwirrt. Es fällt mir schwer, ihm meine Wankelmütigkeit zu erklären. Ein anderes Mal ermahne ich Emilio, daß er das Wasser nicht aus der Flasche trinken, sondern sich ein Glas holen soll, und prompt ertappt er mich dabei, wie ich mich über meine eigenen Regeln hinwegsetze. Überrascht murmele ich eine Entschuldigung, bevor wir beide losprusten.

Wenn Wort und Tat nicht übereinstimmen, ist es so, als würde eine Maschine nach und nach ihre Bolzen verlieren. Früher oder später bricht der Mechanismus zusammen. Deshalb sollten wir uns hin und wieder selbst überprüfen. Bisher wiegen die Ungereimtheiten, die meine Kinder an mir bemerkt haben, nicht sonderlich schwer. Aber mit zunehmendem Alter werden sie auch die tiefer verwurzelten, philosophischen entdecken. Und ich weiß, daß es auch dann kein Mauseloch geben wird, in dem ich mich verstecken könnte.

Kehren wir in die Gegenwart zurück. Ich habe festgestellt, daß meine Stimme aufrichtig oder falsch klingen kann. Emilio spürt es, auch wenn ich mir selbst nicht ganz sicher bin. Eines Tages sage ich zu ihm: »Durch dich habe ich erst erfahren, was Liebe ist.« Als ich die ersten Worte ausspreche, bin ich überzeugt, daß sie wahr sind, aber am Ende merke ich, daß der Ausspruch nicht stimmt. Ich hatte vorher schon zu lieben gelernt. Emilio sieht mich mißtrauisch an und erwidert: »Sagen das alle Papas?«

Ein anderes Mal verlieren wir uns im Gedränge einen Moment lang aus den Augen. Emilio gerät in Panik und schreit. Als wir später darüber reden, gesteht er, daß er Angst hatte, ein für allemal von mir getrennt zu werden. Ich beschwichtige ihn. »Keine Bange, ich werde dich nie verlassen!« Es ist mir ernst, als ich es sage, doch in diesem Augenblick wird mir bewußt, daß ich eines Tages doch gehen muß – wenn ich sterbe. Keineswegs beruhigt antwortet Emilio: »Woher willst du wissen, was passiert!«

Ich glaube, Kinder haben eine Antenne dafür, ob unsere Worte aufrichtig gemeint sind oder nicht. Auf diese Weise lehren sie uns, so zu sein, wie sie selbst sind: freimütig und ehrlich. Es ist ein gutes Gefühl, wahrhaftig zu sein! Wenn wir wahrhaftig sind, sind wir uns selbst treu. Es ist nicht nötig, etwas mehr als einmal zu erklären. Wir verstehen einander auf Anhieb. Es sind keine langwierigen Erläuterungen nötig. Unsere Worte treffen wie ein Pfeil ins Schwarze.

Nehmen wir eine grundlegende Form der Kommunikation. Zwei Menschen sagen einander, daß sie sich lieben. Wenn Kinder uns auf ihre eigene Weise wissen lassen, daß sie uns lieben, ist ihre Botschaft kristallklar: kein Wort zuviel, keine überflüssige Geste und keine Sentimentalität. Wir Erwachsenen reden in aller Regel viel ausgefeilter miteinander. Wenn wir diese Kommunikationsweise bei unseren Kindern praktizieren, verletzen wir häufig ihre Intimsphäre. Da Kinder den physischen Kontakt brauchen und enorme Zuneigung in uns auslösen, empfinden wir unseren Wunsch als natürlich, sie zu küssen und mit ihnen zu schmusen. Sie wissen jedoch ganz genau, wann es genug ist. Viele Kinder reißen sich los und suchen das Weite, wenn die Eltern Anstalten machen, sie in die Arme zu nehmen.

Bevor ich Kinder hatte, blieb mir mehr Zeit für Illusionen. Ich war der stillschweigenden Überzeugung, ein Auserwählter zu sein. Eines Tages würde ich eine Glanzleistung vollbringen und von allen Menschen dafür bewundert werden. Das war keine Phantasie, sondern vielmehr eine mentale Einstellung. Seit ich Kinder habe, bleibt mir keine Zeit für solche Tagträumereien. Ich habe nicht mehr das Gefühl, etwas Besonderes zu sein. Ich bin ein Vater wie alle anderen. Mit Grauen entdecke ich die Banalität meiner Existenz, erkenne, daß ich nur einer von vielen bin. Ich werde mit Sicherheit keine Zeit haben, alles zu verwirklichen, was mir vorschwebt – jeden Tag rückt der Tod ein Stück näher. Höchstwahrscheinlich wird mein Name nicht in die Geschichte eingehen.

Solche Gedanken sind niederschmetternd. Doch dann wird mir bewußt, daß die Wirklichkeit so und nicht anders beschaffen ist und alles vorher reine Phantasie war. Wieder fühle ich mich wahrhaftiger, authentischer. Meine Konturen sind schärfer umrissen, die Außenwelt rückt klarer ins Bild, ich kann mich auf meinen Beruf konzentrieren, Stunde um Stunde. Ich fühle mich zerbrechlicher. Und doch habe ich innere Stärke gewonnen. Jeden Tag begegne ich Liebe, Unschuld und Schönheit, wenn ich mit meinen Kindern zusammen bin. Aber solche Erfahrungen sind nur dann von Wert, wenn sie auf einem starken Fundament ruhen. Nun weiß ich, daß dieses Fundament vorhanden ist. Ich lerne, aufrichtig mit mir selbst zu sein.

# Das Paar

*Wir sind in der Wartehalle des Bahnhofs. Der dreijährige Emilio ruft: »Liebe! Liebe!« und versucht uns verständlich zu machen, daß Vivien und ich uns umarmen sollen. Verlegen kommen wir der Aufforderung nach, an Ort und Stelle, vor den Augen der gelangweilten Reisenden. Aber für Emilio sind wir zu gehemmt. »Mehr!« sagt er. »Mehr!« Mit einigem Vorbehalt gehorchen wir, aber die Umarmung ist ihm immer noch nicht intensiv genug. Er treibt uns beharrlich an, und als er endlich mit dem Ergebnis zufrieden ist, quetscht er sich zwischen uns – wir machen ein »Liebes-sandwich«.*

Hemmungen vor anderen Menschen zu haben käme Emilio nie in den Sinn. Warum um Himmels willen sollte sich jemand schämen, Gefühle zu zeigen? Für ihn ist es das Wichtigste, daß wir, seine Eltern, einander lieben. Was mag Emilio in diesem Augenblick empfinden? Wahrscheinlich fühlt er sich sicher und geborgen. Eingekuschelt zwischen den beiden Menschen, die ihn am meisten lieben, spürt er, daß ein Strom der Harmonie hin- und herfließt. Er weiß: Alles ist gut! Das muß ein herrliches Gefühl sein.

Vielleicht sollte man nicht zuviel verlangen. An der Schwelle zu einem neuen Jahrtausend schneidet die Familie nicht gut ab. Der Clan der Großeltern, Tanten und Onkel, Vettern und Freunde gehört der Vergangenheit an, die Kernfamilie hat ihren Platz eingenommen. Die Institution Ehe steht jeden Tag auf wackligeren Füßen. Die Beziehungen zwischen den Geschlechtern sind unklar und widersprüchlich. Die Religion verblaßt, die verwandtschaftlichen Bindungen werden immer schwächer. Isoliert und verunsichert wird die Familie zur Schmiede von Demütigungen, kleinen und großen. Dazu fällt mir eine völlig andere Episode ein:

Unsere Familie, alle vier, bricht eines Morgens zu einem Ausflug in die Stadt auf, um dem Landleben für einen Tag zu entfliehen. Wir sind aufgeregt, freuen uns auf das Abenteuer. Abends kehren wir erschöpft und frustriert zurück. Jonathan plärrt, weil Emilio ihn andauernd ärgert, Vivien und ich zanken uns oder lassen unsere schlechte Laune an Emilio aus. Jeder führt Krieg gegen jeden. Die Atmosphäre im Auto ist aufgeladen wie in einem Dampfkochtopf – ein Symbol der Zwangslage, in der sich die Familie heute befindet: Menschen, die auf Gedeih und Verderb aneinandergekettet sind, ohne Fluchtmöglichkeit. Ich suche in mir nach einem verborgenen Winkel, in dem ich noch ein kleines Restchen Liebe finden könnte. Ich kann nichts entdecken.

Zum Glück sind solche Situationen eher die Ausnahme als die Regel. Vivien und ich verstehen uns gut. Aber ich weiß, daß ich mich nicht auf meinen Lorbeeren ausruhen darf. Die Kinder haben meine Beziehung zu Vivien verbessert, aber auch verschlechtert. Verbessert, weil ich ihr ungeheuer dankbar dafür bin, daß sie diese Kinder zur Welt gebracht hat. Es ist das schönste Geschenk, das ich jemals bekommen habe. Um diese Dankbarkeit zu spüren, brauche ich nur an die Entbindungen zurückzudenken. Dann sehe ich wieder ihr Gesicht vor mir, erschöpft, aber strahlend vor Freude. Wir haben uns auf das wunderbare Abenteuer eingelassen, diese beiden Kinder großzuziehen und ihnen dabei zu helfen, Menschen zu werden.

Doch gleichzeitig hat die Intensität unserer Beziehung nachgelassen. Vivien und ich können nur noch sehr wenig Zeit für uns allein erübrigen. Das intellektuelle Niveau unserer Gespräche ist rapide in den Keller gegangen: »Die Windeln sind nicht dicht!« »Beeil dich, das Baby schreit. Zeit zum Stillen.« »Paß auf, daß er sich nicht bekleckert! Er hat seine guten Sachen an.« Jeder Tag mit den Kindern ist angefüllt mit Allerweltstragödien und niederschmetternden Banalitäten. Eine solche Welt ist eine Belastungsprobe für jedes Paar, ihre Beziehung und ihren gesunden Menschenverstand.

Kommen wir wieder auf die Wartesaal-Episode zurück. Emilio möchte sehen und spüren, daß wir uns lieben. Warum? Das liegt auf der Hand. Durch die Verbindung zweier Menschen entsteht ein menschliches Wesen. Wir alle sind das Ergebnis einer solchen Beziehung, und sie lebt in uns weiter, entweder als liebevolle Harmonie oder als schmerzende Wunde. Die Beziehung zwischen unseren Eltern prägt uns, macht uns zu dem, was wir sind. Das gilt ohne Ausnahme, sogar dann, wenn die Familie nicht mehr zu bieten hat als ein Asyl, an dem wir anonym Unterschlupf finden, und gleich, ob es sich um einen alleinerziehenden Elternteil, künstliche Befruchtung, genetische Manipulation, Leihmütter oder Samenbanken handelt. So einfach ist das. Wir werden geboren, weil zwei Menschen eine Verbindung oder Beziehung miteinander eingehen. Diese Beziehung läßt sich mit einem Garten vergleichen. Wenn der Boden fruchtbar ist und sorgfältig bestellt wird, können die Pflanzen gedeihen. Aber was ist, wenn sich

Giftstoffe darin befinden? Ein Kind spürt die Qualität der Beziehung zwischen den Eltern mit seinem ganzen Sein. Wenn diese Beziehung getrübt ist, durchdringen die Schadstoffe den gesamten Organismus. Mangelt es an Übereinstimmung, wächst das Kind in einer Atmosphäre der Disharmonie auf. Es leidet unter der Unsicherheit, lebt ständig in Angst.

Es hat einige Zeit gedauert, bis mir klar wurde, daß meine Beziehung zu den Kindern und die Beziehung zu meiner Frau unauflöslich miteinander verknüpft sind. Ich kann keine enge Bindung zu meinen Söhnen herstellen, wenn ich keine enge Bindung zu meiner Frau empfinde. Natürlich hat die Beziehung als Mann und Frau eine eigenständige Wertigkeit, und sie wäre selbst dann wichtig, wenn wir keine Kinder hätten. Doch die Existenz der Kinder macht jedes Problem konkreter, augenfälliger, dringlicher. Das vergesse ich bisweilen. Ich neige zur Nachlässigkeit. Da ich weiß, wie gut wir miteinander auskommen, lasse ich die Dinge gern schleifen. Ich habe den Garten sich selbst überlassen, ohne ihn zu pflegen. Mein Augenmerk gilt in erster Linie den Kindern. Nach und nach ist Vivien für mich ein Schattenwesen geworden, und ich für sie.

Emilio besteht darauf, daß es nach seiner Nase geht. Er möchte, daß Vivien und ich unsere Liebe demonstrieren, aber er hat dabei den Hintergedanken, daß seine ehrenwerte Person der strahlende Mittelpunkt unserer Beziehung sein soll. Eines Tages unterhalten wir uns beide über seine Mutter und mich. Ich erzähle ihm, wie anders unser Leben vor seiner Geburt verlaufen ist, wir sehr wir uns liebhatten und wieviel Zeit wir miteinander verbringen konnten. Dann füge ich hinzu, Vivien und ich würden an einem der nächsten Abende ausgehen – etwas absolut Neues – ohne Jonathan und ihn, weil wir einmal für uns sein möchten. Emilio reißt verdutzt die Augen auf. Dann wird er wütend angesichts einer solchen Unverfrorenheit. Er kann sich keine glückliche Beziehung zwischen Vivien und mir vorstellen, in die er nicht eingebunden ist.

Zum Glück komme ich zur Vernunft, ehe es zu spät ist, und zwar folgendermaßen: Die Kinder nehmen einen so großen

Teil meiner Freizeit in Anspruch, daß ich nur in aller Herrgottsfrühe die Muße habe zu lesen, ungestört nachzudenken und zu schreiben. Ich stelle den Wecker auf halb sechs. Aber die Kinder werden noch früher wach, als hätten sie meine Absichten geahnt. Wie eine Invasionsarmee, die Stück für Stück das Territorium des Feindes erobert, beanspruchen sie neue Freiräume. Ich stehe um fünf Uhr auf, um halb fünf, um vier. Die Folge davon: Am Abend, wenn die Kinder im Bett sind, falle ich in eine Art Koma. Aber das ist die einzige Zeit, die Vivien und ich für uns haben. Das Ergebnis: Vivien hat keinen Ehemann, sondern einen Zombie.

Falls mich jemand fragen würde, würde ich sagen, Vivien sei mir wichtiger als das Schreiben. Aber ich betrüge sie. Ich verweigere ihr den besten Teil des Tages, um meinem Hobby zu frönen. Es ist meine Oase, in der ich auftanken kann, es ist alles, was mir an Freiheit geblieben ist. Ich brauche das Schreiben so dringend wie die Luft zum Atmen. Ich rede mir ein, daß ich ausrasten würde, wenn sie mir auch diese Zeit nähmen. Dennoch bin ich niedergeschlagen. Hier stimmt etwas nicht. Ich habe eine Schreibblockade. Am Ende erkenne ich, was ich tief in meinem Innern weiß, mir aber nicht eingestehen wollte: Meine Prioritäten sind falsch gesetzt. Ich beschließe, später aufzustehen. Mit einem Anflug von Panik nehme ich mir vor, freiwillig auf die Zeit zum Nachdenken und Schreiben zu verzichten. Ich muß lernen, loszulassen, eine wichtige Lektion! Sogar Dinge loszulassen, die mir lebensnotwendig erscheinen. Meine Frau erhält dafür einen Ehemann zurück, der kein Schatten mehr ist.

Sofort fühle ich mich besser. Ich entdecke wiederum einen in Vergessenheit geratenen Schatz. Ich erkenne, daß die Menschen in unserem Leben kostbarer sind als alle Interessen und Aktivitäten. Plötzlich geht es auch mit dem Schreiben wieder flott voran, und es gelingt mir am Ende, Zeit dafür abzuzweigen. Sobald ich meine Prioritäten mental geändert habe, bin ich in der Lage, früh aufzustehen, ohne am Abend vor Erschöpfung umzufallen.

Eine weitere, subtile Veränderung macht sich bemerkbar. Die Beziehung zwischen Emilio und Vivien verbessert sich. Sie war eigentlich nicht schlecht, aber mir mißfiel das ruppige Benehmen, daß er seiner Mutter gegenüber an den Tag legte, und wenn er sich mit mir unterhielt, behandelte er sie manchmal, als wäre sie Luft. Er übersah sie geflissentlich, wie ein eingefleischter Chauvinist. Das ärgerte mich ohnegleichen, aber ich wußte nicht, was ich dagegen unternehmen sollte, außer beten. Dann wurde mir klar: Emilio führte mir unbeabsichtigt meine eigene innere Einstellung zu Vivien vor Augen. Ich war es und nicht er, der sie wie ein Schattenwesen behandelte. Zum Glück bin ich mir auf die Schliche gekommen: Verändere ich meine innere Einstellung zu Vivien, dann verändert sich auch Emilios Verhalten seiner Mutter gegenüber.

Nun wird mein Bild klarer. Ich begreife, daß mir das Zusammenleben in der Familie meine eigenen Probleme und Grenzen schonungslos aufzeigt. Sie haben in Reih und Glied vor mir Aufstellung genommen. Früher waren sie vage, nichts Konkretes. Ich konnte so tun, als gäbe es sie nicht. Jetzt bin ich nicht mehr imstande, mich zu betrügen. Meine Komplexe waren ein unerfreuliches Phantom. Nun haben sie sich in eine unangenehme Realität verwandelt.

Wenn ich niedergeschlagen bin, sieht mir jeder meine Niedergeschlagenheit an. Wenn ich gereizt bin, sitzt die Mißstimmung wie ein ungebetener Gast mit am Tisch. Wenn ich verwirrt bin, merke ich, wie die Verwirrung auf diejenigen Menschen übergreift, die ich liebe. Meine Gedanken sind wie ein offenes Buch, in dem jeder lesen kann. Es gibt keine Privatsphäre in der Familie. Jeden Tag sehe ich meine Gedanken vor mir, wie auf einer Bühne. Dynamisch und mächtig beeinflussen sie die Realität und verleihen der Atmosphäre eine bestimmte Farbe, spiegeln sich in meinen Worten wider und werden in meinen Handlungen aktualisiert.

Meine Gedanken und ihre Auswirkungen werden mir bewußter. Ich beobachte sie. Wenn ich schlecht gelaunt bin, schwirren Werturteile, Vorwürfe und Beschwerden in meinem Kopf herum. In meinen Augen ändert Vivien ihre Gestalt von einem Augenblick zum anderen, mal ist sie eine böse Hexe, mal eine gute Fee, mal ist sie intelligent, mal mit Blindheit geschlagen, mal ist sie mein bester Freund, mal eine Fremde, mit der ich leben muß, mal ist sie attraktiv, mal kann sie mir gestohlen bleiben. Ich beschließe, künftig keine Werturteile mehr zu fällen, das innere Schweigen zu üben. Ich setze alle meine Gedanken in Klammern. Ich nehme Vivien ohne den Schleier subjektiver Anschauungen wahr. Ich füge nichts in eigener Regie hinzu. Es ist schwer, aber eine Zeitlang gelingt es mir. Ich erkenne, daß ich keine Schlußfolgerungen ziehen muß. Ich fühle mich für alle Eindrücke und Wahrnehmungen vollkommen offen.

Ich sehe auch, daß ich lernen kann, die Dinge so zu akzeptieren, wie sie sind. Ich hatte schon vor langer Zeit entdeckt, wie leicht das Leben sein kann, wenn man es so annimmt, wie es ist. Oft wünschen wir uns insgeheim, daß sich das Universum nach unseren Vorlieben richtet – eine undankbare Aufgabe angesichts unserer Wankelmütigkeit. Wir hoffen, die Menschen ändern sich. Was für eine Energieverschwendung! Wir versuchen ihr Verhalten so zu beeinflussen, daß es unseren Vorstellungen entspricht – ein todsicheres Rezept, um Probleme heraufzubeschwören. Ich entdecke wieder die Kunst, Menschen anzunehmen, wie sie sind. Vivien ist Vivien, die Kinder sind die Kinder. Das ist alles. Ich runde das Bild nicht mit der Hoffnung ab, daß sie die von mir gewünschten Verhaltensweisen entwickeln, und ich mache ihnen keine Vorwürfe, wenn sie es nicht tun.

Ich verwerfe alle Modelle. Warum um alles in der Welt sollten sie sich von meinen Schablonen einengen lassen? Und trotzdem beschneiden wir andere oft in ihrer Freiheit, als hätten sie einen Vertrag mit uns unterschrieben, der genau festlegt, was sie zu tun und zu lassen haben. Unsere Modelle vom Wesen und Verhalten eines Menschen sind unsere eigenen Schöpfungen. Warum sollte dieser Mensch sich, selbst wenn er genau weiß, was wir von ihm erwarten, daran gebunden fühlen? Und warum sitzen wir über ihn zu Gericht, wenn er dem Bild nicht entspricht?

Akzeptanz. Ich erinnere mich an eine ägyptische Skulptur, die im Studio eines Kollegen stand. Sie stellte einen Menschen mit ausgebreiteten Armen dar, der zu sagen schien: Ich nehme jeden so an, wie er ist. Die Körperhaltung war entspannt, aber nicht lasch. Der Mensch wirkte innerlich stark, aber nicht hart. Man fühlte sich willkommen in diesen Armen, bedingungslos. Ich möchte lernen, so zu sein wie er. Plötzlich ist das Leben weniger nervenaufreibend. Ich fälle keine Werturteile mehr, erwarte nichts, und alles wird einfach.

Nach und nach werde ich zugänglicher. Mein Schwerpunkt ist hier, bei dem Menschen, der vor mir steht –nicht im fernen Land der Hoffnung. Das habe ich im Zusammenleben mit meinen Kindern gelernt, aber diese hundertprozentige Präsenz beschränkt sich nicht auf sie. Sie ist eine Fähigkeit, die mich überallhin begleitet. Sie stellt das Fundament jeder menschlichen Beziehung dar.

Entdramatisieren. Ein Melodrama folgt dem anderen auf der Bühne der menschlichen Existenz. Das Familienleben, unverwässert und nicht entschärft von einer größeren sozialen Gemeinschaft, wird intensiver, sogar aggressiv. Angesichts der hausgemachten Überbevölkerung prallen wir ständig aufeinander, heizen uns zu schnell auf. Die kleinste Reibung kann zu einem Melodrama ausarten, das alle Betroffenen ins Chaos stürzt. Wie leicht gelingt es jemanden, mich zu verletzen, und genauso leicht lasse ich zu, daß ich verletzt werde. Und wie natürlich erscheint es mir, daß ich mich ernst nehme, mich in meinem Stolz verletzt fühle und jedem mit meinen heimlichen Rachegelüsten den Tag verderbe. Ich bin fähig, »Samson stirbt mit den Philistern« zu inszenieren. Ich reiße die Säulen des Tempels ein, und alle finden gemeinsam den Tod. Ich leide, aber die anderen auch.

Ich beschließe, mich künftig weniger ernst zu nehmen. Wenn mir das Verhalten anderer mißfällt, muß das nicht gleich ein wohlüberlegter, aggressiver Akt sein – vielleicht befinden wir uns in diesem Punkt zufällig auf Kollisionskurs. Wenn ich nicht jeden kleinen Affront zu einem Zwischenfall von internationaler Tragweite aufbausche, gehe ich haushälterisch mit meiner Energie um. Manchmal wird aus einer kleinen Reiberei ein verheerendes Feuer, wenn ich den Funken schüre und meine Aufmerksamkeit darauf konzentriere. Mit zunehmender Übung lerne ich, solchen Nebensächlichkeiten weniger Bedeutung beizumessen. Meine Würde und meine Prinzipien stehen nicht bei jeder Nichtigkeit auf dem Spiel.

Wenn ich einen Menschen wirklich liebe, darf ich ihn nie als selbstverständlich betrachten. Jede Beziehung braucht Wachstumsimpulse. Wie der Garten, um den ich mich kümmern muß, der Pflege braucht, um zu gedeihen. Bedauerlicherweise bin ich schnell mit Kritik bei der Hand, geize aber mit Lob und Anerkennung. Warum? Vielleicht hoffe ich, das Verhalten anderer mit meiner Kritik zu korrigieren (Fehlanzeige), und ich frage mich, warum ich meine Anerkennung zum Ausdruck bringen soll, wenn alles wie am Schnürchen läuft und jeder es weiß? (Wieder falsch: Wir wissen es nicht.) Wenn ich mir vornehme, daran zu denken, fällt es mir leicht, lobenswerte Eigenschaften zu finden. Dann hege und pflege ich den Garten.

Ich erinnere mich gern an die schöne Zeit, als Vivien und ich uns kennenlernten. Der Reiz des Neuen, der damals bestand, hilft mir heute, die ursprüngliche Inspiration in unserer Beziehung wiederzuentdecken. Im Gegensatz zur landläufigen Meinung glaube ich, daß Liebe nicht blind macht. Gerade dann, wenn sie mit dem eigentlichen Kern und dem Zauber der Liebe Berührung haben, sehen zwei Menschen, daß ihnen alle Möglichkeiten offenstehen. Erst von diesem Moment an laufen sie Gefahr, daß alles dunkler und verschwommener wird. Sich verlieben ist ein Augenblick, in dem wir zum Kern der Wahrheit vordringen.

Die Vorstellung, daß die Tiefschläge im Leben die einzige Wirklichkeit sind und daß der Reiz des Neuen eine Illusion ist, die mit dem Verliebtsein schwindet, erscheint mir moralistisch und pessimistisch. Ich erinnere mich noch lebhaft an

unvergeßliche, gemeinsame Augenblicke: an unseren ersten Spaziergang, die Reise nach Spoleto, meinen Heiratsantrag an einem Septembernachmittag, Vivien am Flughafen, während es draußen in Strömen regnete, ein Konzert, als Vivien mit Emilio schwanger war, an den Tag, als sie Jonathan zum ersten Mal stillte. Das sind unsere Wurzeln, die Quelle. In einer Welt, in der alles in Ordnung ist, wird nichts durch die zwanghaften Ängste des Alltags vergiftet. Ab und zu tut es gut, zur Quelle zurückzukehren und das reine, klare Wasser zu trinken.

Auf diese Weise – Bewußtmachen und Kontrolle der Gedanken, Zugänglichkeit, Akzeptanz, Anerkennung, Entdramatisierung, Rückkehr zu den Wurzeln – ändern sich langsam die Regelkreise in meinem Kopf. Ich fühle mich wie neugeboren. Der Spiegel, der sich getrübt hatte, kann das Licht wieder reflektieren.

# Vertrauen

*In der Schlange an der Supermarktkasse hören Emilio und ich ein Kind brüllen. Sein Bruder und seine Schwester stehen daneben. Der Bruder beginnt kurz darauf zu weinen, und die Schwester, nicht viel älter als er, stimmt in das Geplärr ein. Die Mutter, eine robuste, strenge Frau, die aussieht, als hätte sie schon so manchen Strauß ausgefochten, zaubert auf Anhieb drei Schokoriegel hervor und schiebt jedem einen in den Mund. Schluß mit dem Geheul. Die Kinder mampfen. Sie geben keinen Muckser mehr von sich.*

Emilio beobachtet die Szene schweigend. In unserer Familie gibt es zwar Ausnahmen, aber in aller Regel stopfen wir uns nicht mit Schokolade und anderen Süßigkeiten voll. Emilio wirkt nachdenklich, und das auf leeren Magen. Wir verlassen den Supermarkt. Eine halbe Stunde später, auf dem Heimweg, ein kummervoller Aufschrei: »Ich will auch einen Schokoriegel!« Eine ganz gewöhnliche Süßigkeit, aber ausreichend, um in die Psyche eines Kindes einzudringen und ihm den ganzen Vormittag zu verderben, wenn er sie nicht haben kann. Ich bin entsetzt. Ich möchte, daß meine Kinder in einer Welt aufwachsen, die schön und stimulierend, Leib und Seele förderlich und absolut sicher ist. Eine Aufgabe, die sich nicht durchführen läßt, wie ich feststelle. Kinder tauchen in Energiefelder ein, die sich unserem Zugriff entziehen.

Ich kenne die langfristigen Gefahren einer Ernährung, die auf Schokoriegeln basiert. Trotzdem sind das Kleinigkeiten, verglichen mit anderen, heimtückischeren Risiken. Ein Beispiel: Obwohl ich freizügig bin und gern einige der noch immer bestehenden Barrieren für die sexuelle Selbstverwirklichung beseitigen würde, schaudert es mich angesichts der Pornofotos in Magazinen, die für alle sichtbar sind, einschließlich meiner Kinder – obszöne Bilder, kraß und vulgär. Eine schäbige Einführung in das Sexualleben.

Ich würde es auch vorziehen, daß meine Kinder nicht von Vorstellungen und Bildern im Fernsehen hypnotisiert werden, die Gewalt verherrlichen und von schlechtem Geschmack zeugen. Sie dienen nur dazu, eine materialistische, stumpfsinnige Denkweise zu fördern. Wie eine Invasion von Außerirdischen, die unseren Planeten erobert haben und sich nun unter die einheimische Bevölkerung mischen, dringen die Fernsehbilder in die Köpfe unserer Kinder ein und verschmelzen mit dem alltäglichen Leben, bewirken, daß sie die Trugbilder für Realität halten. Ganze Generationen von Kindern ahmen inzwischen die Sprechweise bekannter TV-Größen nach. Unsere beiden Söhne interessieren sich noch nicht fürs Fernsehen, weil wir selbst selten vor der Flimmerkiste sitzen. Doch da sie Bestandteil der Kultur und so allgegenwärtig wie die Luft ist, die wir einatmen, weiß ich, daß die Zeit kommen wird, in der sie bei ihnen mehr Aufmerksamkeit beanspruchen wird.

Und was ist mit der Umweltverschmutzung? Als ich Jonathan erzähle, daß wir ans Meer fahren und er am Strand spielen darf, fragt er mich als erstes: »Ist da Teer?« Er erinnert sich an unseren letzten Ausflug an die See. Zu Hause mußten wir ihn stundenlang schrubben, um das schwarze Zeug von seinem Körper zu entfernen. Und nicht zu vergessen: die permanente Lärmbelästigung. Emilio ist erst vier und befindet sich in einer Phase, in der er bei jedem lauten Geräusch in Tränen ausbricht.

Erst jetzt wird mir klar, daß ich zwei Kinder in eine verschmutzte, gewalttätige und bisweilen grauenerregende Welt gesetzt habe. Ich weiß, daß Millionen Viren in der Luft umherschwirren, im Bus mitfahren und sich in Cafés und Postämtern einnisten – aggressive Viren, die in der Lage sind, in den Körper meiner Kinder einzudringen, ihr Blut und Nervensystem anzugreifen. Die Luft, die meine Kinder einatmen, das Wasser, das sie trinken, die Nahrung, die sie zu sich nehmen – alles voller Toxine. Ich habe gelesen, daß mehr als hundert schädliche Substanzen auf unseren Körper einwirken, die noch vor der Empfängnis die Erbanlagen beeinflussen und schwerwiegende physische und mentale Schäden beim ungeborenen Kind anrichten können. Wir haben eine Welt geschaffen, in der Hunger und Kriege ebenso an der Tagesordnung sind wie Turbulenzen und Katastrophen.

Und es lauern noch andere Gefahren. Überall findet man Menschen, die anderen mit Freundlichkeit und Wohlwollen begegnen. Diese Entdeckung habe ich gemacht, seit ich Vater bin. Aber es gibt auch gefährliche Zeitgenossen in Hülle und Fülle. Menschen, die unangenehm oder meinen Kindern ein schlechtes Vorbild sind, auch unbeabsichtigt. Das fiel mir bei unserem Obsthändler auf, einem Mann, der morgens immer freundlich und gutgelaunt ist, aber gegen Abend betrunken und unberechenbar. Als er uns eines Abends bediente, wobei er immer wieder innehielt und sich endlos über den erschrekkenden Zustand der Welt ausließ, bemerkte er Emilio. Was für ein hübscher Bursche! Hier, nimm eine Erdbeere. Du magst doch Erdbeeren, oder? Da, eine Aprikose. Magst du Aprikosen? Und noch einen Apfel. Und Schokolade. Emilio ist mit Geschenken beladen. Er weiß nicht, wie er reagieren soll und sieht mich hilfesuchend an. Ich bin ebenfalls ratlos. Ich will den Mann nicht kränken, schließlich meint er es ja gut, aber allmählich wird er mir zu aufdringlich. Nun fängt er auch noch an, Emilios Wange zu streicheln. »Was für ein hübscher Bursche!« wiederholt er immer wieder ungestüm. Schließlich bedanken wir uns und verlassen den Laden in aller Eile. Während der Rückfahrt muß ich Emilio erklären, was es bedeutet, betrunken zu sein.

Zum Glück ist der Obsthändler harmlos. Emilio befand sich keine Sekunde in Gefahr. Bisher sind meine Kinder noch nicht mit dem Bösen in der Welt in Berührung gekommen. Sie kennen es nur vom Hörensagen. Es ist als Möglichkeit vorhanden, aber keine Realität.

Trotzdem gibt mir der Zwischenfall zu denken. Wenn ich die rauhen Hände des Obsthändlers vor mir sehe, die Emilios Gesicht streicheln, frage ich mich, wie viele Hände wohl in der Lage wären, ihn zu verletzen.

Meine Kinder sind meinem Einflußbereich weitgehend entzogen. Vom Augenblick der Empfängnis an nehmen sie an einem Spiel teil, das seine eigenen Regeln hat. Das macht mir Angst. Ich erkenne, wie unvollständig, ungerecht und unsicher das Leben ist. Ich hatte es im Grunde immer gewußt, aber nun sehe ich es in aller Deutlichkeit. Darüber hinaus wird mir klar, daß sich das Leben nach seinem eigenen Drehbuch richtet, das ich nicht kenne und unabhängig von meinen eigenen Plänen abläuft. Ich bin nicht allmächtig. Kontrolle ist nichts als eine Illusion. Ich muß mein Vollkommenheitsideal über Bord werfen, muß mich damit begnügen, mein Bestes zu tun. Ein Ziel, das bescheidener, aber wirklichkeitsbezogener ist. Ich lerne, demütig zu werden.

Demut führt dazu, sich in das Schicksal zu fügen. Meine Kinder sind nicht mein Besitztum. Zuerst weckt diese Erkenntnis zahlreiche Ängste. Doch nach und nach befähigt sie mich zu vertrauen. Ich könnte die Kontrollen verschärfen, Schutzmauern um meine Kinder errichten. Aber damit würde ich sie zu schwachen, unausgereiften Menschen erziehen. Ich muß etwas bei mir ändern. Ich beginne, die Welt zu akzeptieren, wie sie ist.

Das Böse kann nicht akzeptiert werden. Aber darum geht es auch nicht. Es gilt nur, das Universum, in dem auch das Böse existiert, so anzunehmen wie es ist. Schmerz existiert. Tod existiert. Es ist meine Pflicht, meine Kinder zu beschützen, aber das Leben mit seinen Geheimnissen und seiner Vielfalt ist unerbittlich. Emilio und Jonathan sind eigenständige Wesen mit ihren eigenen inneren Ressourcen und ihrem eigenen Schicksal.

Akzeptieren heißt, alle nutzlosen mentalen Anstrengungen zu unterlassen. Ich kann nicht für alles die Verantwortung übernehmen. Ich vergeude keine Zeit mehr damit, mich zu verdammen, zu ängstigen oder mir Katastrophen auszumalen. Ich sehe dem Leben Tag für Tag ins Gesicht, so gut ich kann. Die Realität wird klarer, wenn man sie nicht durch die Brille der Phantasie und überflüssigen Empfindungen betrachtet. Akzeptieren bewirkt, Ballast abzuwerfen, sich freier zu fühlen.

Ich bin Teil eines Prozesses, der sich meiner Kontrolle entzieht und ohne meine Mitwirkung abläuft. Das ist, als wäre ich Pilot einer Boeing 747. Ich habe das Fliegen von der Pike auf gelernt, muß nun aber feststellen, daß ich die Maschine nicht im Griff habe. Ich bin mit der Route vertraut und einer Panik nahe, weil ich befürchte, die falsche Richtung einzuschlagen. Plötzlich wird mir klar, daß jemand anderer im Cockpit sitzt und das Flugzeug lenkt. Die Erkenntnis erfüllt mich mit großer Erleichterung. Natürlich weiß ich nicht, wer der Pilot ist. In optimistischen Augenblicken glaube ich, daß es sich um eine höhere Intelligenz handelt, Gott zum Beispiel. Wenn mir die Kontrolle über meine Kinder zu entgleiten droht, stelle ich mir vor, daß ich sie Gott anvertraue. Könnte ich mir etwas Besseres für sie erhoffen? Sie befinden sich in guten Händen.

Auf die Höhen folgen Tiefen, ein ewiges Auf und Ab. Ich schaue meinen Kindern in die Augen, betrachte den Sternenhimmel, sehe eine Wiese mit blühenden Wildblumen, und mein Glaube wächst und gedeiht. Ich werfe einen Blick in die Zeitung, und das Leben kommt mir rätselhaft und betrüblich vor. Ich zweifle an der Existenz einer höheren Macht, welche die Geschicke lenkt. Vielleicht wird das Raumschiff Erde von einem Verrückten gesteuert. Doch selbst in derart düsteren Augenblicken gelingt es mir, Zuversicht und Vertrauen zu empfinden. Ich rufe mir ins Gedächtnis zurück, daß wir das Ergebnis eines Überlebenskampfes sind, der so alt ist wie die Menschheit. Er hat uns Stärke, Scharfsicht und außergewöhnliche Findigkeit verliehen. Wir sind optimal für diesen Kampf gerüstet. Wir werden es schaffen.

Ich muß nur meinen Kindern beim Spielen zuschauen, um guten Mutes zu sein. Sie rennen und springen herum, voller Freude und Begeisterung, mit scheinbar unerschöpflicher Energie. Jeden Tag staune ich aufs Neue über ihre angeborene Intelligenz und ihre schöpferischen Fähigkeiten. Wie alle Kinder sind sie neugierig und haben tausend Interessen. Selbst wenn sie in Wut geraten, um jeden Preis ihren Willen durchsetzen wollen oder sich streiten wie die Kesselflicker, zeigen sie mir, daß sie bereit sind, den Kampf ums Überleben aufzunehmen. Und ihn zu gewinnen.

Es hilft mir auch zu sehen, wie Emilio mit dem Bösen in der Welt und mit dem Tod umgeht (Themen, für die Jonathan noch zu klein ist). Emilio wehrt sich gegen jede Form des Mißbrauchs und der Gewalt. Er kann Ungerechtigkeiten nicht ausstehen. Als Fuchs und Katze Pinocchio einreden, er könne Goldmünzen auf einem Baum wachsen lassen, verlangt er empört, daß ich mit dem Vorlesen aufhöre. Wenn er hört, daß jemand eine Mausefalle aufgestellt hat, ist er entsetzt. Ich darf nicht einmal eine Mücke erschlagen, ohne sein Mißfallen zu erregen. Er weigert sich, Fleisch von toten Tieren zu essen, wie er sagt.

Emilio kann das Problem des Todes dank seiner »Geistermaschine« bewältigen, einer komplizierten Collage aus Buntpapier, Stoffmustern, Pfeilen und Knöpfen auf einem Bildschirm. Er läßt jeden Menschen, den er sehen möchte, auf dem Bildschirm erscheinen, nicht nur die Lebenden, sondern auch die Toten und sogar frühere und künftige Inkarnationen. Auf diese Weise nimmt er Kontakt zu seiner Großmutter auf, die unlängst verstorben ist. Er holt sie auf den Bildschirm und spricht mit ihr. Das »spirituelle Internet« hilft ihm, seine Angst vor dem Tod zu besiegen.

Obwohl Emilios Methode aus der Perspektive eines Erwachsenen naiv erscheinen mag, fühle ich mich durch seinen ausgeprägten Gerechtigkeitssinn, seinen Wunsch, niemandem zu schaden und seine positive Einstellung zum Tod ermutigt und gestärkt. Auch ich beschließe, mich vegetarisch zu ernähren.

Dann gerät meine Zuversicht wieder einmal ins Wanken. Ich betrachte Jonathan, der gerade aufgewacht und schlecht gelaunt ist. Er wirkt ängstlich. Verschwunden ist das selige Lächeln, das vor wenigen Stunden, als die Welt noch ein Paradies auf Erden war, sein Gesicht erhellte. Bestürzung und Furcht spiegeln sich in seinen Augen, als er einen Moment lang denkt, er sei allein. Ich weiß, daß meine Kinder in jedem Augenblick ihres Lebens mit dem Leid in Berührung kommen können. In was für ein Chaos haben wir sie gestürzt? War es das wirklich wert? Ist die Erde kein Paradies, sondern ein irdisches Jammertal, in dem wir nichts als Höllenqualen und Illusionen unterworfen sind?

Wie alle Eltern wünsche ich mir nur Glück und Gesundheit für meine Kinder. Selbst eine Erkältung oder ein Ekzem stellen in meinen Augen eine himmelschreiende Ungerechtigkeit dar. Warum muß es ausgerechnet ein Kind treffen, das niemandem etwas Böses getan hat? Ein Unrecht, das ich nicht hinnehmen kann. Ich konnte noch nie den Gedanken ertragen, daß Kinder leiden müssen. Aber ungeachtet dessen, wie sehr wir unsere Kinder auch verteidigen und schützen mögen, vor Kummer und Leid sind sie nicht gefeit. Sie werden älter und im Verlauf ihres Erwachsenenlebens immer wieder mit Leid, Verfall und Tod konfrontiert werden.

Der Tod hängt wie ein Damoklesschwert über meinem Leben, und mit Kindern wird diese Bedrohung noch klarer und intensiver. Alle Eltern denken dann und wann darüber nach, daß ihren Kindern etwas passieren könnte. In mir nimmt der Gedanke die Form von Angstphantasien an. Ein Beispiel: Bis zum fünften Lebensjahr haben wir Emilio nie alleine im Haus oder in der Obhut eines Babysitters gelassen. Dann finden wir ein junges Mädchen, das uns zuverlässig, kontaktfreudig und selbstbewußt erscheint. Die beiden gehen an den Strand. Zuerst bin ich die Ruhe in Person, doch sobald mir bewußt wird, daß Emilio meiner Kontrolle entzogen ist, mache ich mir Sorgen. War es leichtsinnig von mir, ihn jemandem anzuvertrauen, den ich kaum kenne? Es wird ihm doch hoffentlich nichts Schlimmes passieren?

Ich habe eine blühende Phantasie: Emilio wird vom Bus überfahren. Ich sehe die schaurigsten Einzelheiten des Unfalls, das Blut, die Leiche. Ich stelle mir vor, wie einsam und verlassen er sich in seinen letzten Minuten gefühlt haben muß. Ich male mir unser Leben aus, allein mit Jonathan. Ich denke an unsere Trauer, an die innere Leere.

Zum Glück kehrt Emilio putzmunter und vergnügt vom Strand zurück. Er hat sich prächtig amüsiert. Leid und Schicksalsschläge rücken in eine andere Perspektive, werden wieder zu einer vagen Möglichkeit. Ich begreife einen weiteren grundlegenden Punkt: Das Wissen um die Existenz des Bösen macht das Leben auf seltsame, paradoxe Weise intensiver und schöner. Wenn ich einen Sonnenuntergang am Meer betrachte, genieße ich das herrliche Naturschauspiel. Doch wenn ich wüßte, daß ich am nächsten Tag sterben muß, würde ich ihm noch mehr Gewicht beimessen. Ein Unfall, dem wir durch eine wundersame Fügung entgangen sind, die Genesung von einer Krankheit, eine Gefahr, der wir getrotzt haben – alle diese Dinge bewirken, daß wir das Leben ungeschminkter und intensiver wahrnehmen.

Angesichts der Schönheit und Unschuld meiner Kinder – so unverbildet und doch so verletzlich – graut mir bei dem Gedanken, daß auch ich sie nicht davor bewahren kann, mit der Häßlichkeit des Lebens in Berührung zu kommen, alt zu werden und zu sterben. Doch gleichzeitig weiß ich die glücklichen Augenblicke wesentlich mehr zu schätzen, empfinde sie als ein unbezahlbares Geschenk. Ich bin dankbar für das Leben. In gewisser Hinsicht unterstreicht erst der Pathos der menschlichen Existenz ihre Großartigkeit. Was wären Schönheit und Liebe in einer Welt ohne Schmerz und Tod? Wir sind so weit entfernt von einem Idealzustand, daß ich es mir kaum vorstellen kann, aber ich glaube, die Schönheit wäre banal und die Liebe ohne Tiefgang.

Wenn ich daran denke, daß Menschen, die ich liebe, Schicksalsschlägen, Krankheit und Tod ausgesetzt sind, liebe ich sie um so mehr. Zuerst ist diese Liebe mit Angst gepaart. Dann wird sie heiterer. Die Gewißheit des Bösen und des Todes schafft Nähe. Das Wissen, daß alles ein Ende hat, daß Tragödien im Leben unvermeidlich sind, macht die Liebe lebendiger.

Ich erinnere mich an die Zeit, als Jonathan unterwegs war. Eine Schwangerschaft kann alle möglichen Horrorphantasien auslösen. Rechnet man dann noch die Meinungen der Experten hinzu, vervielfachen sich die Möglichkeiten, daß etwas schiefgeht. Man teilte uns damals mit, die Entwicklung des Embryos verliefe allem Anschein nach nicht so, wie sie sein sollte. Was bedeutete das? War er schwach, ein Winzling, geistig behindert oder würde er aufgrund eines körperlichen Defekts nach der Geburt sterben? Wir ließen eine Ultraschalluntersuchung machen. Der Doktor zeigte uns sämtliche Bestandteile des künftigen Jonathans: »Dort sehen Sie die Beine, die Wirbelsäule, das Köpfchen, das pulsierende Herz.« Auf dem Bildschirm tauchten Science-fiction-Szenerien auf wie Kraterlandschaften von einem anderen Planeten. Unser Kind sollte in ein paar Wochen auf die Welt kommen, und wir unternahmen eine Reise durch seinen Körper. Es kam uns so vor, als würden wir ihm ein Stück entgegengehen, um ihn zu begrüßen. Und am Ende der Reise kamen dann die erlösenden Worte: »Alles in Ordnung!«

Auf der Rückfahrt zur Arbeit ging gerade die Sonne unter, die ersten Sterne erschienen am Himmel und ich hörte mir ein Klavierkonzert von Mozart im Radio an. Plötzlich spürte ich die Gegenwart des kleinen Wesens, dessen Geburt unmittelbar bevorstand. Es war nicht nur Einbildung, da bin ich mir sicher, sondern so real wie das Auto und die Musik. Ich bin weder Hellseher noch medial veranlagt. Und doch spürte ich damals, wie schon bei Emilio, die Gegenwart meines ungeborenen Kindes, stark und klar. Ich habe mich selten einem Lebewesen so nahe gefühlt.

Dafür gibt es eine einfache Erklärung. Da ich auf einer tieferen Bewußtseinsebene die Ungewißheit unserer Situation und die Möglichkeit des Todes erkannte, gerieten meine Gefühle in Aufruhr. In mir öffnete sich eine Tür zu einer grenzenlosen, geheimnisvollen Welt – eine Tür, die uns normalerweise verschlossen bleibt. Vielleicht dient so eine Tür als Schutz vor einer Realität, der ins Gesicht zu sehen wir noch nicht bereit oder gerüstet sind. In Grenzsituationen öffnet sich diese Tür. Sie gestattete mir damals, in eine unbekannte Sphäre einzutreten, für den Bruchteil einer Sekunde das Ungreifbare wahrzunehmen und lichter als jemals zuvor zu lieben.

# Geduld

*Jonathan ist der Abhang nicht ganz geheuer. Vielleicht hat er einmal eine unliebsame Erfahrung gemacht und ist seither vorsichtig geworden. Er erprobt eine neue Technik. Er stellt sich unten hin, geht nur ein paar Schritte hinauf und rodelt mit dem Schlitten langsam hinunter. So ist es genau richtig für ihn. Jedesmal wagt er sich ein Stück weiter nach oben und rutscht schneller nach unten. Ab und zu wirft er mir voller Stolz einen Blick zu und klatscht in die Hände, als wollte er sagen: »Bravo. Ich hab's geschafft!« Ich freue mich für ihn.*

Doch nun verdichtet sich der Handlungsstrang. Andere, wesentlich ältere Kinder betreten die Szene. Sie machen sich einen Spaß daraus, den Abhang so schnell wie möglich hinunterzusausen und bemerken Jonathan nicht einmal. Er steigt den Hügel hinauf, in seinem eigenen Tempo, doch wenn er die anderen wie ein geölter Blitz daherkommen sieht, muß er wieder nach unten und sie vorbeilassen. Kaum ist der Abhang ein paar Minuten leer, versucht er sein Glück, nur um festzustellen, daß die älteren Kinder schneller sind und das Terrain wieder in Beschlag nehmen. Jammerschade, er war so gut im Training. Ich weiß, wieviel ihm daran liegt, das Rodeln zu lernen. Für ihn bedeutet es, Selbstvertrauen gewinnen, sich »fallenlassen«. Er hat so vielversprechende Fortschritte gemacht, doch nun ist alles für die Katz. Und um dem Ganzen die Krone aufzusetzen, geraten sich nun zwei Kinder direkt neben dem Abhang in die Haare. Jonathan beobachtet sie genau. Er ist völlig aus seinem sportlichen Rhythmus geraten, macht ein verwundertes Gesicht.

Ich bin frustriert. Immer, wenn Jonathan mit dem Aufstieg beginnt, muß er beiseite treten. Ich fühle mich unwohl, merke, wie ich langsam die Geduld verliere. Manchmal trennt ihn nur noch ein Schritt von seinem Ziel, bevor er wieder unterbrochen wird. Am liebsten würde ich mit ihm zu einem anderen Hang gehen, wo er langsam, methodisch und in Frieden üben kann. Doch das wäre frommer Selbstbetrug. Das Leben ist nun mal chaotisch, laut und bisweilen eine sinnlose Energieverschwendung. Ungestört zu arbeiten ist ein Luxus. Wir müssen lernen, mit Turbulenzen, Mängeln und unvollendeten Aufgaben umzugehen. Wir beide, Jonathan und ich, müssen Geduld lernen.

Ich spiele mit Emilio. Er wirft ein Polster auf den Fußboden und legt sich darauf. Ich muß so tun, als sei ich ein Passant, der es entdeckt, aber Emilio nicht sieht. Dann muß ich sagen »Nanu, was ist denn das?«, das Polster mitsamt dem siebzehn Kilo schweren Jungen vom Boden aufheben, es an seinen Platz zurücklegen und verblüfft ausrufen: »Na so was! Das ist ja gar kein Polster, sondern mein Sohn!« Aus irgendeinem unerfindlichen Grund macht Emilio dieses Spiel unsäglich viel Spaß. Zuerst finde ich es auch noch ganz nett, vor allem wenn ich sehe, wie er mit geschlossenen Augen daliegt und sich vor lauter Vorfreude kaum halten kann. »Potzblitz, was haben wir denn da? Ein Polster, das sprechen kann, mit Armen und Beinen. Sieht wie mein Emilio aus ... halt, das ist ja Emilio!«. Aber nach der x-ten Wiederholung, bei der er sich jedesmal kringelig lacht, ist mein Vergnügen getrübt.

Ich weiß, daß Wiederholungen für Kinder wichtig sind. Auf diese Weise begreifen sie Zusammenhänge, fühlen sich sicher, passen sich an. Am Ende jedes Durchgangs ertönt ein »Noch mal!« Und ich lasse mich breitschlagen. Doch nach einer Weile finde ich das Spiel sterbenslangweilig, geistlos und ermüdend. Schließlich sage ich zu Emilio: »So, jetzt ist es genug!« Endlich, was für eine Erleichterung. Es gibt sicher interessantere Aktivitäten. Ich überlasse ihm die Wahl. Und werde überrascht: »Laß uns dasselbe noch einmal spielen, aber jetzt mit den anderen Polstern.«

Wenn ich mit Emilio und Jonathan zusammen bin, sind Wiederholungen gang und gäbe. Bevor Jonathan einschläft, gehe ich beispielsweise mit ihm auf und ab, wiege ihn im Takt der Musik. Ich finde es herrlich – aber nur wenn es nicht zu lange dauert. Doch an manchen Tagen braucht er eine Ewigkeit, bis er einschläft. Dann komme ich mir vor wie ein elektrisches Schaukelpferd. Früher habe ich die Begleitmusik ausgesucht. Nun möchte er Kinderreime hören, tausendmal hintereinander, schier unerträglich. Wenn ich meine, daß er endlich eingeschlafen ist, lege ich ihn vorsichtig ins Bett, damit er nicht aufwacht, voller Vorfreude auf meine Freiheit. Aber kaum liegt er, brüllt er vor Empörung, und das Spielchen geht wieder von vorne los.

Ich brauche Geduld mit diesen Kindern. Rein theoretisch wußte ich das, bevor ich sie hatte, aber es ist mir erst richtig klar geworden, seit ich aktiv in die Aufgaben eines Vaters eingebunden bin. Ich brauche ungeheuer viel Geduld.

Ich glaube, das ist unser kollektives Schicksal. Ungeachtet unserer Erziehungsmethoden oder Charaktereigenschaften sehen wir uns typischen Situationen gegenüber, die sich in der Familie millionenfach wiederholen. Wir predigen immer wieder das gleiche, werden fortwährend unterbrochen, passen uns dem Rhythmus unserer Kinder an, nehmen Unordnung und Konfusion hin, geben unsere Pläne auf. Das alles reicht aus, um eine alptraumhafte Welt zu erschaffen, die der gewöhnlichen Welt ähnelt und sich mit ihr überschneidet. Doch in ihr verlangsamen sich Tausende von Mechanismen oder brechen zusammen. Nicht einmal das teuflischste Gehirn könnte sich eine so ausgefeilte Methode ausdenken, um unsere Nerven zu strapazieren.

Wenn wir dieser Welt mit hochtrabenden Hoffnungen und starren Einstellungen gegenübertreten, sind Probleme geradezu vorprogrammiert, denn sie ist so angelegt, daß sie alle Funktionen in unserem Leben, eine nach der anderen, in ihre Einzelteile zerlegt. Zum Glück gibt es eine Alternative, möglicherweise die einzige. Wir sollten diese Probleme als Lektion betrachten, um uns in der unerläßlichen Tugend der Geduld zu üben. Geduld jedoch war noch nie meine Stärke. Schlange stehen oder auf den Fahrstuhl warten ist für mich eine Nervenzerreißprobe. Wenn ich an einer roten Ampel halte, denke ich oft, daß sie außer Betrieb sein muß, weil sie einfach nicht grün wird. Und wenn jemand nicht auf Anhieb begreift, was ich sage, reagiere ich ungehalten.

So bin ich nun mal. Mein innerer Rhythmus ist schnell, und ich habe das Gefühl, ständig warten zu müssen. Das Zusammensein mit meinen Kindern ist eine immerwährende Herausforderung für mich, weil ich lernen muß, mein Tempo noch mehr herunterzuschrauben, auf ein schrecklich langsames Maß. In Theorie bin ich der Ansicht, daß wir Erwachsenen uns auf den Rhythmus der Kinder einstellen sollten. In der Praxis geht es oft über meine Kräfte, mich zu bremsen. Ich werde ungeduldig, treibe alle zur Eile an. Dann erkenne ich, daß ich einen Fehler gemacht, mich wie ein Sklaventreiber aufgeführt

habe. Ich habe mich in einen subtilen Lernprozeß eingemischt, ihn unterbrochen. Niemand läßt sich gern zur Eile antreiben. Ich bin überzeugt, Kinder empfinden solch ein Verhalten als Nötigung.

Es ist kein Zufall, daß eine ausgerenkte Schulter zu den häufigsten Verletzungen im Kindesalter gehört, von einem Erwachsenen verursacht, der ein Kind an die Hand nimmt und hinter sich herzerrt. Das ist ein Symbol, als wollten wir Kinder mit Gewalt aus ihrer Welt herausreißen. Und wie immer fügen wir das, was wir anderen zufügen, letztlich uns selbst zu. Wir reißen uns aus dem Leben heraus, kappen die Nabelschnur, die uns mit der Welt verbindet.

Wie oft sagen wir zu einem Kind: »Komm, beeil dich! Wie lange soll ich noch auf dich warten?« Aber Eile ist ihrer Seinsweise völlig fremd. Einmal fragt mich Emilio: »Wann hört die Zeit auf?« Das heißt, wie lange dauert es noch, bis diese Hektik ein Ende hat? Wann können wir endlich in Frieden leben?

Aber müssen wir Erwachsene nicht auch Dinge ertragen, die uns bisweilen wie ein Machtmißbrauch vorkommen? Ich denke schon. Gewiß sollten Kinder lernen, sich in der Welt zu bewegen, ihren Pflichten nachzukommen, pünktlich zu sein. Aber hier geht es nicht um das, was Kinder üben müssen, sondern darum, was Eltern von ihnen lernen können.

Ich selbst liebe die Blitzgeschwindigkeit, möchte aber trotzdem eine Lanze für die Langsamkeit brechen. Ich habe gelernt, sie zu schätzen, weil sie die Zeit verwässert. Ich verfolge keine anderen Ziele, als das zu tun, was ich gerade tue, und ich muß mich mit niemandem im Wettbewerb messen. Eile basiert nicht selten auf Angst, auf der Angst, etwas nicht rechtzeitig zu schaffen. Langsamkeit bedeutet, daß ich jeden Moment genießen kann, daß ich die Möglichkeit habe, mich endlich selbst kennenzulernen.

Manchmal, wenn ich meine innere Hast und den Ehrgeiz abgelegt habe, schnellstmöglich zum Punkt zu kommen, stimme ich mich auf Jonathans oder Emilios Rhythmus ein und spüre, daß ich von ihnen lerne, mich in Geduld zu üben. Es ist eine harte, aber lohnenswerte Schule. Ich habe gelernt, daß Geduld mehr ist als eine Tugend, daß sie eine völlig andere Wahrnehmung von Zeit bewirkt. Die Zeit spult sich nicht mehr linear ab und droht mir davonzurennen, um irgendwann abzulaufen, sondern ist eine ewigwährende Gegenwart, ein Strom, der mich trägt. Dieser Wandel kann überall stattfinden: auf der Straße, auf dem Spielplatz, im Bahnhof. Statt nur teilweise mit den Gedanken bei meinen Kindern zu sein, während ein anderer Teil sich bemüht, die verlorene Zeit wieder wettzumachen, bin ich mit meinem ganzen Selbst präsent. Geduld ist eine wirksamere Art zu lieben.

Das erste Mal mußte ich mich bei Emilios Geburt in Geduld üben. Die Wehen dauerten zwölf Stunden an, ganz normal beim ersten Kind, aber nicht für mich. Die zwölf Stunden kamen mir wie zwölf Jahrtausende vor. Während sich der Muttermund nach und nach weitete, begann der allmähliche Abstieg des Kindes durch den Geburtskanal. Emilio mußte den Gang passieren, der ihn von der Welt trennte. Dieser Tunnel mißt nur wenige Zentimeter, aber er ist angefüllt mit den unterschiedlichsten Empfindungen, Gefahren und vielleicht auch Schmerzen. Es ist eine interplanetarische Reise. Dabei bewegte sich Emilio damals mit einer Geschwindigkeit von nicht mehr als ein paar Millimetern pro Stunde. Ich stand unter Strom, weil es nicht schnell genug voranging. Als lebte ich in einer Zeitlupenwelt, die sich immer mehr verlangsamte.

Ein paar Jahre später gehe ich mit Jonathan spazieren. Er kann noch nicht laufen, also trage ich ihn. Er schaut sich neugierig um, ist an allem interessiert. Er zeigt auf einen Baum, wir treten näher, er berührt die Rinde, fasziniert von der seltsamen Haut. Die Rinde ist trocken und krümelig, läßt sich leicht abschälen. Ich lasse ihn gewähren. Er macht weiter, völlig selbstvergessen, berührt sie, streichelt sie, dreht ein Stück in seiner Hand hin und her, begutachtet sie ausgiebig. Zuerst staune ich genauso wie er. Ich stelle mir vor, wie eine Rinde wohl auf jemanden wirken mag, der sie zum erstenmal zu Gesicht bekommt.

Nach einer Weile finde ich, daß es nun reicht und will gehen. Aber er protestiert, und ich gebe nach. Kurz darauf mache ich einen zweiten Anlauf, aber sein Interesse ist immer noch nicht erlahmt. Ich beschließe, ihn nicht zu stören. Ich warte. Dann bedeutet er mir mit einer Geste, daß ich ihn zu einem anderen Baum in der Nähe bringen soll. Er inspiziert dessen Rinde, und ich hoffe, es werde jetzt schneller gehen, aber die Untersuchung dauert noch länger. Die Rinde sieht anders aus, ist dünner und glatter, fast wie Papier. Darunter ist der Baum feucht und weich. Meine Arme werden langsam lahm. Liebend gern würde ich nach Hause gehen. Endlich gibt Jonathan mir zu verstehen, daß er mit dem zweiten Baum fertig ist. Na prima, dann können wir ja endlich los! Fehlanzeige. Er will zum ersten Baum zurück, vielleicht um Vergleiche anzustellen oder weitere Einzelheiten in Augenschein zu nehmen.

Plötzlich fällt meine Ungeduld von mir ab, und ich fühle mich leicht. Während Jonathan wieder die Rinde des ersten Baums berührt und betrachtet, identifiziere ich mich mit seiner Seinsweise. Auf dieser Ebene finden wir die Erleuchtung. Auf dieser Ebene sind wir fähig, in die Tiefe zu gehen. Hier empfinden wir reines, unverfälschtes Interesse. Ich beginne zu begreifen, was meditieren heißt.

Ja, ich weiß, daß ich lernen muß, auf den Rhythmus meiner Kinder Rücksicht zu nehmen. Und genau damit habe ich immer noch ein Problem. Um mich auf ihren Rhythmus einzustellen, muß ich oft auf meinen eigenen verzichten. Jeder Mensch hat seinen Rhythmus, gleich ob chaotisch oder harmonisch, aber einzigartig wie ein Fingerabdruck. Wenn wir ihn aufgeben müssen, regt sich Widerstand oder ein heimlicher Groll. Das geschieht im Umgang mit Kindern. Es geschieht auch, wenn wir wachsen, wenn wir erkennen, daß es nicht nur unsere eigenen Rhythmen gibt – die unserer Wünsche, Impulse, Pläne –, sondern auch umfassendere, harmonische, beispielsweise die Rhythmen der Natur und unseres inneren, tieferen Seins. Nur auf diese Weise können wir unser Zeitbewußtsein erweitern und Stück für Stück auflösen.

Ich beobachte Jonathan, wenige Monate alt, der gerade gestillt wird. Für ihn existiert die Zeit nicht. Er nuckelt ruhig vor sich hin, genießt die Wärme und den Hautkontakt, den Herzschlag der Mutter, den Geschmack der Milch. Gelegentlich hält er inne und blickt sich um. Oder er schaut seine Mutter an und lächelt. Das ist ein Bilderbuchfriede. Es gibt kein Vorher und kein Nachher. Warum auch? Ich versuche, entfernt und auch nur annäherungsweise, an diesem Zustand teilzuhaben. Während ich ihn anschaue, frage ich mich: Was gäbe es Wichtigeres zu tun, als einfach nur zu sein?

Aber was ist, wenn Eile geboten ist, wenn wir einen Termin einhalten müssen? So wie jetzt. Jonathan protestiert. Er möchte weiter gestillt werden. Also: sich in Geduld fassen. Das ist frustrierend. Wir werden bestimmt zu spät kommen. Emilio ist knatschig, zieht seine Schuhe und Socken aus, hat Hunger, ißt etwas und bekleckert sich das T-Shirt. Jetzt müssen wir ihn auch noch umziehen. Danach spielt er. Ihn da herauszureißen, wird ein Problem sein. Und wenn er endlich soweit ist, wird Jonathan wieder quengeln, weil er seinen Schlaf braucht ...

Jonathan trinkt weiter. Langsam geht seine Ruhe auch auf uns über. Vielleicht sollen wir so und nicht anders leben. Man braucht Geduld, und Geduld schafft Erleichterung. Eine tiefverwurzelte, uralte Spannung löst sich in mir. Ich atme freier. Geduld, eine Tür, die sich einladend einen Spaltbreit öffnet, gestattet uns einen Blick auf die ewige Gegenwart. »Geduld« leitet sich von dem lateinischen Wort »pati« ab, leiden, erdulden. Wenn man Kinder hat, muß man, wie bei allen spannenden Abenteuern, bisweilen einiges auf sich nehmen. Jedes Vorhaben hat seine Licht- und Schattenseiten. Selbst bei Projekten, die uns ein Höchstmaß an Freude und Begeisterung übermitteln, treten früher oder später Krisensituationen ein.

Wir müssen auf die Probe gestellt werden, um richtig einzuschätzen, was für eine Aufgabe vor uns liegt, denn leidenschaftliche Hingabe verlangt die Einbindung unseres ganzen Seins. Sie ist mehr als eine zeitweilige Freude. Sie taucht immer dann auf, wenn wir mit Leib und Seele dabei sind. Aber ganz gleich, ob wir eine Reise unternehmen, eine Sprache, ein Musikinstrument oder den Umgang mit dem Computer erlernen, wir erreichen unweigerlich einen Punkt, an dem wir uns fragen, warum wir uns auf eine solche Mammutaufgabe eingelassen haben. Wir fühlen uns entmutigt. In diesem Moment erleben wir unser Vorhaben nicht nur von seiner schwierigsten Seite, sondern entdecken auch unsere Achillesferse. Wir begegnen einem Aspekt unseres Selbst, den wir noch nicht kannten. Wir müssen ihn erobern, statt zuzulassen, daß er uns beherrscht. Das habe ich durch das Zusammenleben mit meinen Kindern gelernt. Vermutlich werden alle Eltern hin und wieder von Zweifeln, Entmutigung und Verwirrung geplagt. Bei mir kommt das zumindest häufiger vor.

Ein Beispiel: Emilio, Jonathan und ich wollen in den Park. Wir haben für Jonathan ein Dreirad sowie Rollerblades und Helm für Emilio ausgeliehen, aber wir müssen noch eine beachtliche Strecke laufen, bevor wir den Trimmpfad erreichen. Jonathan ist schlecht drauf und weigert sich, auch nur einen Schritt zu gehen. Ich soll ihn tragen. Um eine lange Diskussion zu vermeiden, gebe ich nach. Emilio träumt vor sich hin, trödelt, bleibt ab und zu stehen, um mir die merkwürdigsten Fragen zu stellen. Ich antworte so gut ich kann unter den Umständen, während Jonathan uns immer wieder energisch unterbricht. Die Straße, die zum Park führt, ist nicht ungefährlich, weil die Autos hier sehr schnell fahren und wir mehrere Kreuzungen überqueren müssen. Ich trage nicht nur Jonathan, sondern auch sein Dreirad, während Emilio seine Rollerblades und Knieschoner in einer Plastiktüte mitschleppt und jammert, weil die Tüte zu schwer ist. Wir sind in Eile, da wir die geliehene Ausrüstung in einer Stunde zurückbringen müssen. Als wir endlich ankommen, stellen wir fest, daß das Dreirad für Jonathan zu groß ist und Emilios Rollerblades zu eng sind. Und zu allem Überfluß fängt es auch noch zu regnen an. Wir haben offenbar mit Zitronen gehandelt. Wie der Rückweg mit zwei mürrischen Kindern im strömenden Regen aussieht, kann man sich lebhaft vorstellen.

Ich verspüre eine Mischung aus Wut und Fassungslosigkeit. Wie konnte es zu einer so grotesken Situation kommen? Es handelt sich bei mir nicht um eine vorübergehende Frustration, sondern um eine ausgewachsene Krise. Diese absurde Episode, gekennzeichnet von meinen zwanghaften und trotzdem vergeblichen Bemühungen, erscheint mir wie ein Symbol des Lebens, zu dem alle Eltern verdammt sind. Es gibt nichts, was mich aufheitern könnte. Ich suhle mich in meiner Weltuntergangsstimmung, weniger aufgrund der momentanen Verärgerung, sondern weil ich erkannt habe, wie kompliziert und unvollkommen das Leben ist. Vor allem für Eltern.

Nachdem ich die Talsohle erreicht habe, geht es wieder bergauf. Ich gebe mich geschlagen und begreife, wie töricht es ist, sich über solche Lappalien aufzuregen. Ich hatte das Gefühl, als befände ich mich im freien Fall, ohne Netz und ohne Hoffnung. Ist dies das teuflische Lachen eines Menschen, der in den Abgrund stürzt? Nein. Dieser Bewußtseinszustand ist das genaue Gegenteil und erinnert mich an die lächelnde Miene von Eltern, die in ihrem Leben schon vielen Stürmen getrotzt haben. Es ist der Galgenhumor eines Menschen, der weiß, wie begrenzt seine Mittel und wie grandios seine Träume sind, der sieht, wie kurz das Leben, wie unverhältnismäßig unser Ehrgeiz und wie steinig der Weg sein kann – und der sein Schicksal guten Mutes annimmt.

Leiden ist ein Teil des Lebens. Wenn es ohne geht, um so besser. Aber manchmal läßt es sich nicht vermeiden. Zu lernen, sich damit auseinanderzusetzen, die Verluste auf ein Minimum zu begrenzen und dabei vielleicht neue Fähigkeiten in sich zu entdecken, scheint mir eine unserer grundlegenden Aufgaben zu sein. Auch das ist Geduld. Auch das ist die Kunst zu leben.

# Intelligenz

*Emilio hat einen Haufen in die Hose gemacht. Er steht im Garten, mit heruntergelassener Hose, und ist von oben bis unten beschmiert. Ein Bild des Jammers, und in seinem Weinen kommt eine universelle, abgrundtiefe Verzweiflung zum Ausdruck. In diesem Moment geht die Sonne unter. Ein Feuerball, der sein überirdisches Leuchten über unseren Gesichtern und allem ausbreitet, was uns umgibt. Es ist ein ganz besonders malerischer Sonnenuntergang. Als ich mich dem Unglücksraben nähere, betrachtet Emilio ganz versunken die Sonne. »Warum ist die Sonne rot?« fragt er plötzlich.*

In dem Augenblick, in dem Emilios Neugierde geweckt ist, scheint seine Verzweiflung wie weggeblasen zu sein. Das Malheur ist vergessen. Die Welt ist von vorrangigem Interesse. Aber nur für kurze Zeit. Gleich darauf bricht er wieder in Tränen aus. Das Leben hat sich wieder in eine Tragödie verwandelt. Ich erwidere, mit einem Taktschlag Verzögerung: »Die Sonne ist rot, weil ihre Strahlen die Atmosphäre durchqueren.«

Emilio ist immer noch verzweifelt, aber er hört zu. Mittlerweile habe ich ihn auf den Arm genommen und trage ihn zum Waschen ins Haus. »Was ist Atmosphäre?« fragt er. Das Thema erscheint ihm wichtig, er möchte mehr darüber wissen. Doch dann nimmt die Tragödie wieder ihren Lauf. Wir haben das Badezimmer erreicht. Wie erniedrigend, ein »Hosenscheißer« zu sein. Ich hinke immer noch einen Schritt hinterher: »Atmosphäre nennt man die Lufthülle rings um die Erde.« »Wie kommt die da rum?« Die Neugierde kehrt kurzfristig zurück. Am Ende gewinnt jedoch der Weltschmerz die Oberhand. Während ich Emilio wasche, denke ich nach. Die hartnäckigen Fragen nach dem »Warum«, selbst während einer so unangenehmen Erfahrung, beeindrucken mich. Sein wacher Verstand, stets daran interessiert, die Welt zu erforschen, koordiniert das vorhandene Wissen mit den neuen Informationen. Er stellt Hypothesen auf und überprüft sie auf ihre Richtigkeit. Er versucht fortwährend, über seine eigenen Grenzen hinauszugehen. Und ich staune immer wieder aufs neue darüber.

Als Erwachsener benutze ich meinen Verstand oft nur, um Einkaufslisten zu schreiben und die Sportseite in der Tageszeitung zu lesen. Emilio hat dagegen, wie alle Kinder, einen unverbrauchten, hochgradig aktiven Verstand. Selbst die alltäglichsten Ereignisse sind für ihn ungeheuer interessant. In seiner Welt geschehen ständig beeindruckende Dinge. Er forscht und experimentiert ohne Unterlaß. Ich empfinde Emilios Fragen häufig als Herausforderung. Wie die Fragen aller Kinder sind sie knifflig und schwer zu beantworten, aber völlig logisch. Ich habe einige notiert und nach Kategorien geordnet. Hier eine kleine Auswahl:

*Fragen über Bedeutungen:* Was ist der Unterschied zwischen »vielmehr« und »anstatt«? Was ist »Tod«? Was heißt »Bedeutung«?

*Theologische Fragen:* »Kann Gott etwas erschaffen, das mächtiger ist als er selbst?« »Warum hat Gott nutzlose Dinge erschaffen?« »Wenn ich nur so tue, als ob ich nachdenke, glaubt Gott dann, daß ich nachdenke?« »Kann Gott beschließen, daß er nicht mehr da sein will?«

*Psychologische und ethische Fragen:* »Würdest du mich auch dann noch liebhaben, wenn ich Mama umbringe?« »Ist es schlimmer, einem Menschen etwas Böses zu tun, der glücklich oder der unglücklich ist?«

*Hypothetische Fragen:* »Was passiert, wenn ein Auto in unser Haus fährt?« »Was passiert, wenn ein Dieb kommt und alle unsere Handtücher klaut?«

*Fragen nach der Struktur:* »Warum kann ich eigentlich mein eigenes Gesicht nicht sehen?«

*Historische Fragen:* »Wo kommst du her?« »Was war, bevor es Leben auf der Erde gab?«

*Metaphysische Fragen:* »Ist das ganze Leben nur ein Traum?« »Was ist alles?«

Oft beziehen sich die Fragen auf philosophische oder wissenschaftliche Probleme von großer Bedeutung. Da es mir an dem nötigen Fachwissen mangelt, sind sie zu tiefgründig und zu schwierig für mich. Sie bringen mich aus der Fassung. Doch diese Fassungslosigkeit hat auch etwas Positives. Die Gesellschaft eines Menschen mit wachem Verstand, der neugierig auf das Leben ist, wirkt wie ein Tonikum auf mein Denkvermögen.

Jonathan ist noch zu klein, um Fragen zu stellen. Aber er tritt in Emilios Fußstapfen. Seine Neugierde konzentriert sich auf Menschen. Wir sitzen im Zug. Jonathan ist mit seinem Lieblingsspiel beschäftigt: Leute kennenlernen. Er geht zu allen Mitreisenden im Abteil, baut sich vor ihnen auf, schaut sie an. Manchmal lächelt er oder winkt. Und er gibt nicht auf, bis es ihm gelungen ist, den Kontakt herzustellen.

Während er durch den Wagen spaziert, sehe ich die verschiedenen Fahrgäste mit seinen Augen. Die Frau in Schwarz spricht in ihr Handy, tut so, als sähe sie ihn nicht. Der junge Bursche imitiert Tierstimmen, zu Jonathans Belustigung. Dem zurückhaltenden Mann mittleren Alters mit den dicken Brillengläsern, der nicht weiß, wie er reagieren soll, entlockt er am Ende doch ein Lächeln. Die Blondine strahlt und beugt sich vor, als wollte sie sagen: »Weiter so, Kleiner! Weiter so!« Der Student lacht herzlich. Und eine ältere Dame lächelt, vielleicht ruft sie sich eigene Erinnerungen ins Gedächtnis zurück.

Jonathan hält inne und beobachtet. Jeder Mensch ist ein neuer Planet, dem er sich nähert, um ihn zu erkunden. Ohne die geringsten Hemmungen betrachtet er jeden einzelnen Fahrgast fasziniert. Auch das ist eine Form der Intelligenz. Für mich waren die Mitreisenden im Zug eine formlose Masse, für ihn sind sie eine vielfältige Offenbarung. Seit ich an dieser interplanetarischen Reise teilgenommen habe, fühle ich mich ausgesprochen reicher.

Ein wacher Verstand geht verschlungene Wege. Er folgt keiner vorgefertigten Logik, sondern bedient sich aller vorhandenen Mittel. Ein Beispiel: Emilio reitet für sein Leben gern auf dem motorisierten Schaukelpferd im Supermarkt: ein kurzes, teures Vergnügen. Sobald sich das Pferd bewegt, driftet Emilio ins Märchenland ab, und sein Gesicht verwandelt sich vor Erstaunen. Plötzlich hat er eine Idee. Er steckt eine Münze in den Schlitz, steigt aber nicht auf – er möchte nur das Pferd beobachten. »Emilio, das ist reine Geldverschwendung. Das Pferd galoppiert alleine vor sich hin, und du läßt dir den Spaß entgehen.« Ich stoße auf taube Ohren. Er möchte weiterhin beobachten. Die Passanten werfen uns verdutzte Blicke zu. Ich fühle mich unwohl in meiner Haut. Emilio ist damit zufrieden, die Situation aus einiger Entfernung zu betrachten. Als ein kleines Mädchen vorübergeht, das interessiert das Pferd mustert, opfert er seine letzte Münze, damit sie reiten kann.

Eine wunderbare Lektion. Meine Gedanken sind in den konventionellen Gleisen verlaufen: Münze einschieben, reiten, nach

Hause fahren. Emilios Überlegungen sind breiter gefächert und verschnörkelt. Spaß haben oder eine magische Welt betreten ist nur ein kleiner Teil seiner Aktivitäten. Er studiert genauso gern die Auf- und Abwärtsbewegung eines Pferdes. Vielleicht würde er gern verstehen, was ihm beim Galoppieren so gut gefällt. Das kleine Mädchen geht an uns vorüber, und er bezieht es in das Ereignis ein. Solche Reaktionen sind typisch für einen wachen Verstand. Er ist in der Lage, die Welt aus einer neuen Perspektive zu betrachten und unvorhergesehene Situationen in das eigene Denken und Tun einzubinden.

Kinder weichen mit ihren Gedanken oft von eingefahrenen Gleisen ab. Sie wählen nicht die naheliegende Route, sondern nehmen sich die Freiheit, jeden x-beliebigen, gewünschten Kurs einzuschlagen. Sie benutzen auch nicht zwangsläufig einen Gegenstand oder ein Instrument entsprechend seiner Funktion, sondern suchen nach anderen Anwendungen. Emilio spielt beispielsweise gern mit Gummistempeln. Normalerweise nimmt man den Stempel, macht ihn mit einem Schwämmchen naß und drückt ihn auf Papier. Emilio arbeitet anders herum, er stempelt mit dem Schwamm. Er taucht auch einen Radiergummi in Wasserfarben, um damit zu malen, statt ihn zum Ausradieren zu benutzen. Das Ergebnis: In beiden Fällen entstehen Bilder, die phantasievoller und origineller sind, als wenn er Stempel oder Radiergummi auf herkömmliche Weise verwenden würde.

Ein schöpferischer Verstand nimmt nicht nur Dinge wahr, die für jedermann sichtbar sind, sondern ist auch neugierig auf Details, die andere für belanglos halten. Ich bin sicher, das gilt auch für Kinder. Ich habe eine alte Tageszeitung auf die Staffelei gelegt, an der Emilio malt, und befestige obenauf weißes Papier, ein Blatt nach dem anderen. Vor jedem neuen Blatt betrachtet Emilio die Fotos in der Zeitung, auf denen Menschen abgebildet sind, und will etwas über ihre Geschichte erfahren, beispielsweise über den Busfahrer, der mit seinem Vehikel in eine Schlucht gestürzt ist. Er möchte wissen, wie das passieren konnte, wer ihn gerettet hat, wie es den Helfern gelungen ist, den Bus zu bergen, in welchem Gesundheitszustand sich der Fahrer jetzt befindet usw. Dadurch entfernen wir uns sehr weit vom ursprünglichen Vorhaben, dem Malen, aber ich kann beobachten, wie ein wacher Verstand arbeitet. Er ist für eine unglaubliche Fülle von Eindrücken und Dimensionen offen.

Kinder experimentieren fortwährend. Sie werfen Objekte aus dem Hochstuhl auf den Boden, um zu sehen, was es mit der Schwerkraft auf sich hat. Sie spielen mit Eis und sehen zu, wie es schmilzt, wie es sich von einem Zustand in einen anderen verwandelt. Sie treiben uns in den Wahnsinn – und lernen dadurch die Arbeitsweise unserer Psyche kennen, auch wenn sie es nicht so formulieren würden.

Die Mathematik ist ebenfalls ein ungemein ergiebiges Forschungsfeld. Ich sehe meinen Kindern gern beim spielerischen Umgang mit Zahlen zu. Ich sitze mit Jonathan im Wartezimmer. Da ich nicht weiß, wie ich ihm die Zeit vertreiben soll, rolle ich Papierfetzen zu vier kleinen Kügelchen. Jonathan schaut mir andächtig zu. Er nimmt eine nach der anderen in die Hand, als wollte er sie zählen, dann gibt er sie mir zurück. Ich lasse eine verschwinden, öffne meine Hand und zeige ihm die drei restlichen Kugeln. Jonathan bemerkt sofort, daß eine fehlt. »Ooooh!« sagt er. Er wartet geduldig, bis ich sie wieder herbeizaubere. Nachdem ich das gemacht habe, soll ich sie wieder wegnehmen, erst eine, dann zwei, dann drei. In der Nähe sitzt eine Frau, die uns beobachtet. Jonathan drückt ihr eine Kugel in die Hand, anschließend noch eine. Dann kommt er zu mir zurück, um zu sehen, wie viele ich noch übrig habe. Er spielt weiterhin die verschiedenen Kombinationsmöglichkeiten durch. Mit diesem Spiel amüsieren wir uns halbe Stunde lang.

Emilio wacht in der Nacht mit Bauchweh auf. Ich koche einen Kamillentee und flöße ihm das Gebräu löffelweise ein. Bei jedem Schluck sagt er: »Bauchweh 2. Bauchweh 1. Bauchweh 0. Bauchweh Minus 1. Bauchweh Minus 2. Bauchweh Minus 4.« Beim letzten hat er sich offenbar verrechnet, aber ich korrigiere ihn nicht. Gleich darauf erklärt er: »Ich hab zwei Schlucke auf einmal genommen.« Die absteigende Zahlenfolge deutet darauf hin, daß die Bauchschmerzen vergehen, daß er sich besser fühlt. Da sitzen wir um zwei Uhr morgens und beschäftigen uns mit Algebra.

Ich sehe meinen Kindern auch gern dabei zu, wenn sie die verschiedenen Aspekte des Körpers und ihre Möglichkeiten analysieren. Jonathan stellt überrascht fest, daß er zwei Hände und zwei Füße hat. Er bückt sich, stützt sich mit den Händen auf dem Boden ab und betrachtet die Welt durch seine gegrätschten Beine. Er möchte, daß ich ihn hoch in die Luft werfe, und er genießt das Gefühl der Schwerelosigkeit. Er klettert auf alles, was für ihn erreichbar ist. Dann hält er meine Hände fest und läßt sich lachend nach hinten fallen. Er will, daß ich ihn unter den Fußsohlen kitzle. Er macht Kniebeugen im Takt der Musik, dann vollführt er Schlangenbewegungen mit den Armen wie eine balinesische Tempeltänzerin. Er hält sich die Augen zu, in der Annahme, ich könnte ihn nicht mehr sehen, dann nimmt er die Hände weg. Er hält sich die Ohren zu, läßt wieder los: Geräusche – Stille – Geräusche – Stille. Er übt verschiedene Gangarten: zackig wie ein Zinnsoldat, geschraubt wie ein Ballettänzer, torkelnd wie ein Betrunkener. Er bittet mich, ihn auf der Schaukel anzuschieben. Er gibt alle nur erdenklichen Laute von sich. Eines Tages, während er vergnügt herumspaziert, bleibt er plötzlich stehen und berührt seine Zunge. Er hat sie vermutlich zum erstenmal in seinem Leben bemerkt.

Phantasie. Fast alle Kinder besitzen eine grenzenlose Phantasie, zumindest solange, bis wir Erwachsenen anfangen, sie zu unterdrücken. Sie können tagelang eine Geschichte nach der anderen erfinden, mit der gleichen Leichtigkeit wie wir atmen. Es macht ihnen Spaß, Geschichten zu erzählen. Das ist für sie beinahe ein grundlegendes Bedürfnis.

Eines Tages will Emilio mit mir ein Puzzle basteln, bestehend aus einem einfachen Labyrinth. Ich dachte, er würde eine Linie zeichnen, die vom »Anfang« bis zur Mitte reicht. Ein Klacks. Aber nein! Wir zeichnen Labyrinthe voller Fallstricke und Gefahren – ein wahrer Zickzackkurs mit mehreren Ausgängen – und weitere Irrgärten mit Monstern, Menschen, Schätzen, Herzen, Emilios Freunden, Eiscremewaffeln usw. Es sind keine Puzzles mehr, sondern mentale Abenteuer.

Die Lebendigkeit der Phantasie macht sich auch im Gebrauch von Metaphern bemerkbar. Emilio benutzt sie wie viele Kinder zwischen zwei und sechs, um Situationen zu deuten. Regen ist der Himmel, der weint. Mamis Brustwarze ist eine Blume. Brokkoliröschen sind kleine Bäume. Die Scheinwerfer sind die Augen eines Fahrzeugs. Das Wasser eines plätschernden Bächleins lacht. Metaphern offenbaren verborgene Gedankenverbindungen und Ähnlichkeiten. Sie reichen über die Grenzen rationaler Gedankengänge hinaus und vertiefen auf subtile Weise unser Verständnis der Welt.

Und was ist mit der Konzentration? Wir sind schnell bei der Hand mit der Behauptung, daß Kinder eine kürzere Aufmerksamkeitsspanne als Erwachsene haben. Vielleicht kann ihre Aufmerksamkeit, von einer aktiven, schillernden Neugierde beflügelt, nicht lange verweilen, weil es soviel Neues zu beobachten gibt. Trotzdem sind Kinder, selbst sehr kleine, befähigt, sich so in eine Tätigkeit zu versenken, daß sie die Welt ringsum vergessen.

Jonathan, acht Monate alt, findet eine Plastikflasche. Er nimmt sie in die Hände, untersucht sie von allen Seiten, hält sie an den Mund, legt sie auf den Boden und schaut gebannt zu, wie sie sich mehrmals um die eigene Achse dreht, bevor sie zum Stillstand kommt. Seine Neugierde ist entfacht. Er beobachtet die Plastikflasche eine Weile, dann krabbelt er weg. Ein paar Minuten später kommt er zurück. Ist das Wunderwerk noch da oder ist es verschwunden? Er wiederholt die Abfolge ein paarmal, rollt die Flasche, dann nimmt er sie wieder in die Hände, um zu sehen, ob sie sich verändert hat. Rund zwanzig Minuten beschäftigt er sich mit der Flasche, völlig konzentriert und versunken in das Experiment. Ich habe beschlossen, es ihm gleichzutun und mich ebenfalls nur zu konzentrieren und zu beobachten. Zuerst bin ich fahrig und unaufmerksam.

Dann gelingt es mir, meine Mitte zu finden und voll dabei zu sein. Ich hatte vergessen, daß ich zu so natürlicher, ungeteilter Aufmerksamkeit fähig bin.

Emilio und Jonathan geben mir manchmal das Gefühl, als befände ich mich in der Gesellschaft von zwei Multitalenten, jeder eine Mischung aus Wissenschaftler, Philosoph und Künstler. Ihre Eigenschaften wirken ansteckend. Sie berühren mich tief und bewirken, daß ich wachse. Sie stimulieren meine Gedanken und führen sie aus eingefahrenen Gleisen heraus in alle nur erdenklichen Richtungen. Ihre Geschichten und Metaphern wecken meine Phantasie. Ihre hartnäckigen Fragen haben zur Folge, daß ich ein Problem immer wieder aus einer neuen Warte betrachte. Ihre Neugierde aktiviert meinen eigenen »Resonanzapparat«. Ihr wacher Verstand, der klare, starke Ideen hervorbringt, animiert mich zum Denken.

Und es gibt auch noch einen Effekt ganz anderer Art. Emilio und ich fahren eines Abends im Auto nach Hause zurück. Er befindet sich hinten in seinem Kindersitz. Wir haben uns eine Zeitlang unterhalten, nun ist er verstummt. Es ist schon spät. Ist er eingeschlafen? Nein, nach langem Schweigen sagt er: »Papa, morgen schauen wir im Wörterbuch nach, was ›Seele‹ heißt.« Was mag in seinem Kopf vorgegangen sein? Wieso schneidet er plötzlich ein so tiefgründiges Thema an? Ich würde ihn gern fragen, aber ich käme mir wie ein Eindringling vor. Ich begnüge mich damit, Spekulationen anzustellen und erwidere einfach: »In Ordnung.« Schweigend fahren wir weiter. Emilio schläft zufrieden ein. Es ist eine wunderbare Nacht im Mai, am Himmel funkeln die Sterne. Der menschliche Verstand ist ein Mysterium, das mich mit Staunen erfüllt.

Mein Verstand wird natürlich nicht nur durch Resonanz angeregt. Es gibt noch einen anderen, mühsameren, wenn auch gleichermaßen fruchtbaren Weg, um ihn zu aktivieren. Das Zusammenleben mit meinen Kindern stellt mich Tag für Tag vor Optionen, Herausforderungen, Probleme und Schwierigkeiten. Ich bin wie alle Eltern gezwungen, geistige Flexibilität, intuitive Intelligenz und ein hohes Maß an Findigkeit zu ent-

wickeln. Manchmal reagiere ich wie ein Elefant im Porzellanladen. Ich kann die jahrelange Konditionierung nicht so mir nichts dir nichts abschütteln.

Wir sitzen beispielsweise im Auto und ich schicke mich an, aus der Parklücke herauszufahren. Jemand hat uns gesehen und wartet auf den freien Platz. Hinter ihm steht ein zweiter Wagen, der es eilig hat, weiterzufahren. Plötzlich fällt Emilio ein, daß er unbedingt mit Steuerknüppel und Bremsen spielen möchte. »Emilio, das geht jetzt nicht«, erkläre ich. Ich bringe es nicht übers Herz, die Autofahrer warten zu lassen. Irgend jemand drückt ungeduldig auf die Hupe und macht mich noch nervöser. Emilio beharrt auf seiner Forderung. Ich schnappe ihn mir, schnalle ihn hinten im Kindersitz an und brause los. Emilio bricht in Geheul aus. Vielleicht habe ich das Einzige getan, was mir übrigblieb. Aber dennoch – von geistiger Flexibilität oder Findigkeit keine Spur! Ich empfinde die Situation als eine Niederlage im Kleinen.

Manchmal schneide ich jedoch besser ab. Emilio sitzt beim Abendessen und mault. Er will das Rührei nicht, das ich gerade für ihn gemacht habe, sondern besteht auf einem weichgekochten Ei. Er führt sich auf wie ein Haustyrann im Miniaturformat. Ich könnte einfach sagen: »Rührei oder gar nichts.« Aber ich sehe, daß er müde, frustriert und schlecht gelaunt ist, genau wie ich, nebenbei bemerkt. Ich hasse es, Eier zu verschwenden, von meinem Sohn schlecht behandelt und herumkommandiert zu werden oder den Tag mit einem Mißklang zu beenden. Trotzdem bin ich drauf und dran, ihm eine Strafpredigt zu halten. Doch statt dessen erfinde ich eine Geschichte: »Es war einmal ein Junge, der ständig jammerte, weil man ihm nichts recht machen konnte. Viele Leute versuchten, ihn zur Vernunft zu bringen, doch vergebens. Eines Tages erschien eine gute Fee und sagte: ›Ich bin gekommen, um alle deine Wünsche zu erfüllen.‹ Der Junge äußerte einen Wunsch nach dem anderen, bis er endlich vor Erschöpfung einschlief. Am nächsten Morgen, als er aufwachte, war er glücklich und mit allem zufrieden.« Emilio findet die Geschichte kurzweilig und interessant. Als sie beendet ist, erklärt er sich bereit, das Rührei zu essen.

In dieser Situation hatte ich mich nicht auf eine Kraftprobe eingelassen wie zwei Stiere, die ihre Hörner ineinander verkeilen, sondern eine Lösung gefunden, bei der keiner das Gesicht verlor und alle Beteiligten zufrieden waren. Wir fühlten uns beide besser. Wir hatten einen Schritt nach vorne gemacht.

Ein weiteres Beispiel: Wieder ist es Abend, die Stunde, in der die Familie auseinanderstrebt. Jonathan ist erkältet und quengelig. Er weint, möchte herumgetragen und in den Armen gewiegt werden. Wenn er bei seiner Mutter ist, möchte er zu mir, doch kaum ist er bei mir, verlangt er nach seiner Mutter. Und wenn wir beide bei ihm sind, brüllt er noch lauter. Er ist völlig außer sich. Ich nehme ihn hoch, wiege ihn. Nichts hilft. Plötzlich fällt mir etwas ein. Ich erzähle ihm von all den Menschen, die ihn lieben, und während er andächtig lauscht, vergißt er das Weinen. Ich erinnere ihn an seine Lieblingsaktivitäten: im Bilderbuch die Seiten mit den Erbsen und Erdbeeren angucken, kleine gelbe Blumen pflücken, Cracker essen, ein Geburtstagsständchen singen. Jonathan hört aufmerksam zu, und als ich aufhöre, sagt er »Eh!«, um mir zu bedeuten, daß ich weitermachen soll. Ich überlege krampfhaft. Ich rufe mir Wörter ins Gedächtnis zurück, die er kennt und gern sagt, wie »da«, wenn er auf etwas zeigt, und seine jüngste Neuerwerbung: »Ciao«. Er liebt es, »Taoooo!« zu sagen, als würde er jemanden begrüßen, den er seit Ewigkeiten nicht mehr gesehen hat. Er strahlt übers ganze Gesicht. Ich habe es geschafft. Es ist mir gelungen, ihn zu beruhigen. Ich bringe ihn zu Vivien zurück, die er mit einem fröhlichen »Taoooo!« zur Kenntnis nimmt. Nun ist er bereit, einzuschlafen.

Ich mag kein Genie sein, aber ich habe mich in einer Notsituation bewährt und ein kniffliges Problem gelöst. Ich fühle mich lebendig. Das ist besser, als vor dem Fernseher zu sitzen und darauf zu warten, daß sich der Kleine irgendwann müde weint und von selbst einschläft.

Jeden Tag bin ich im Zusammenleben mit meinen Kindern voll und ganz gefordert. Ich muß Probleme bewältigen, Kummer und Schmerz heilen, verwirrende Situationen klären. Die Aufgabenstellung, der sich Eltern gegenübersehen, wird nie zur Routine. So leicht kommen wir nicht davon. Es ist ein Unterfangen, das alle unsere Ressourcen erfordert. Jedesmal, wenn es mir nicht gelingt, ein Problem zu lösen, einen Kummer zu lindern oder einen Blickwinkel zu erweitern, fühle ich mich schwerer und undurchlässiger. Doch wenn ich einen Erfolg verbuchen kann, wie geringfügig er auch sein mag, wenn ich mein Herz heraufbeschwöre oder von meiner Phantasie Gebrauch mache, fühle ich mich in Harmonie mit mir selbst und lebendiger.

# Spontaneität

*Eines Tages beschließe ich, Jonathans Lächeln zu fotografieren. Das Lächeln eines Babys ist so rein und leuchtend, daß es selbst das hartgesottenste Herz zum Schmelzen bringen würde. Gemeinsam mit dem Sternenhimmel, Wildblumen und bestimmten Berglandschaften gehört es zu den schönsten Anblicken, die ich kenne.*

Mit meiner Kamera bewaffnet harre ich der Dinge, die da kommen werden. Nichts einfacher als das, denke ich. In diesem Alter lächeln Kinder oft. Auf mich wartet eine Überraschung: Jonathan blickt mich ernst und aufmerksam an. Durch den Bildsucher sehe ich, daß er aufmerksam die Kamera betrachtet. Alles in Ordnung bei ihm, aber kein Lächeln. Kaum habe ich die Kamera beiseite gelegt, schon schenkt mir Jonathan ein strahlendes, unschuldiges, zahnloses Lächeln, das eine Welle der Zärtlichkeit in mir aufwallen läßt. Wie der Blitz nehme ich die Kamera wieder in die Hand. Das Lächeln verschwindet. Vielleicht liegt es daran, daß er mein Gesicht hinter dem Apparat nicht entdecken kann. Ich halte die Kamera in Position und drehe den Kopf zur Seite, damit er mich sieht. Er mag nicht. Sobald ich die Kamera weglege, lacht er mich an. Will er mich foppen?

Ich beginne, das ganze Repertoire alberner Geräusche abzuspulen, das Kleinkinder gewöhnlich zum Lachen bringt und Erwachsene zum Narren macht. Es hat bei Jonathan stets gewirkt. Aber dieses Mal nicht. Die ernste Miene bleibt. Ich bitte Vivien, mit ihm zu reden – sie schafft es immer, ihm das bezauberndste Lächeln zu entlocken. Wieder voll daneben.

Langsam komme ich mir lächerlich vor. Da bemühe ich mich hinter der Kamera mit grotesken Geräuschen und Gesten, die natürlichste Sache der Welt heraufzubeschwören. Ich will schließlich nichts weiter, als eine heitere Stimmung in meinem Kind erzeugen, sie in einer Fotografie einfangen und den Augenblick für immer bewahren. Doch dadurch verliere ich den Kontakt zu ihm und genieße unser Beisammensein nicht mehr aus vollem Herzen. Endlich begreife ich, daß ich nicht erzwingen kann, was von Natur aus spontan erfolgt.

Ich beschließe zu warten und zu akzeptieren, daß mir Jonathan einen Strich durch die Rechnung macht. Ich fotografiere statt dessen verschiedene Gesichtsausdrücke: Überraschung, Zweifel, Interesse. Ich entdecke, daß sie gleichermaßen wert sind, im Bild festgehalten zu werden. Ich entspanne mich, sehe die ganze Sache lockerer. Ich habe verstanden, daß ich loslassen und dem Fluß des Lebens folgen muß. Und dann, als ich es am wenigsten erwarte, lächelt Jonathan, genau zum richtigen Zeitpunkt, der mir zu sagen scheint: Endlich hast du begriffen. Ich habe aufgehört, mir zu wünschen, daß er sich so verhält, wie ich es mir wünsche, und genieße einfach den Kontakt. Dieses Mal gelingt es mir, sein Lächeln abzulichten.

Der Unterschied zwischen Spontaneität und Planung gleicht dem Unterschied zwischen dem Verlauf eines Bachs und Straßenbahnschienen. Der Bach fließt um Steine und Pflanzen herum, sucht sich zwischen den Uferböschungen seinen Weg, manchmal langsam, manchmal kraftvoller, spiegelt hier und da Lichtmuster wieder und kennt keine Rast. Die Straßenbahn folgt den Schienen und hält an den festgelegten Stationen an. Wir Menschen gestalten unser Leben auf die eine oder andere Weise. Wir können auf dem vorausgeplanten Weg Fortschritte machen und tatkräftig versuchen, das Leben auf unsere Bedürfnisse abzustimmen, oder wir passen uns den Situationen an, denen wir uns gegenübersehen, und fließen mühelos mit dem Strom des Lebens.

Eines Tages stelle ich fest, daß ich viel Zeit zur Verfügung habe, die ich mit Emilio verbringen möchte. Bei solchen Gelegenheiten frage ich ihn oft, was er unternehmen möchte, und ich liste alle Möglichkeiten auf. Wenn ich ihm die Entscheidung überlasse, komme ich mir sehr demokratisch vor. Aber das »Menü«, aus dem er wählen kann, stelle ich zusammen. Ich entscheide über die verfügbaren Optionen – Radfahren, Malen, Bücherlesen. Und ich entscheide über das mentale »Programm«, indem ich das Leben als eine Reihe von Funktionen darstelle, aus denen man wählen und vielversprechende Pläne für den Tag schmieden kann.

Der Verstand eines Kindes arbeitet nicht so. Denken und Handeln entstehen spontan und unvorhersehbar von einer Minute auf die andere. Heute beschließe ich, ihm nichts anzubieten. Ich schweige, gestatte Emilio, die Initiative zu ergreifen. Emilio vergeudet keine Zeit. Er bewegt sich leicht von einer Aktivität zur anderen, erfindet neue Spiele, ohne sich den

Kopf darüber zu zerbrechen, was danach kommt. Wie ein Jongleur, der nicht darüber nachdenkt, wie er den nächsten Ball erwischt – er fängt ihn einfach auf.

Wenn ich ihm eine bestimmte Palette von Optionen anbiete, unter denen er wählen kann, presse ich seine Welt in starre Schablonen und unterteile sie in Schubladen. Die Alternative besteht darin, daß ich von ihm lerne. Natürlich und harmonisch entwickelt sich eine Erfahrung aus der anderen. Wir spielen Postbote, Doktor, fertigen Collagen aus Steinen und getrockneten Blättern an, schreiben, hüpfen, vermischen verschiedene Zutaten und kochen (jede Kombination hat ihre eigene Geschichte), erfinden neue Wörter, zählen und kleben Sticker auf, bereiten das Essen vor, rufen die telefonische Zeitansage an, um zu erfahren, wie spät es ist, benutzen Schere und Klebestreifen und beschäftigen uns mit tausenderlei Dingen, die auf meiner Liste nicht vorgesehen waren.

Langsam geht mir ein Licht auf, was Spontaneität bedeutet, um wieviel reicher und fruchtbarer sie das Leben macht. Zuerst fühle ich mich unbehaglich, weil ich Zeit verschwende und in den Tag hinein lebe, ohne logischen Zusammenhang und festgefügte Ordnung. Das ist die Angst vor einem Kontrollverlust. Später verzichte ich freiwillig auf die Kontrolle und lasse mich auf einen Rhythmus ein, der nicht mein eigener ist. Ich fühle mich merklich entspannter. Das ist eine neue Erfahrung, ein Gefühl, das mich nie ganz verläßt. Es ist wie mit dem Radfahren, es läßt sich schwer erklären, doch an irgendeinem Punkt weiß man intuitiv, wie es geht.

Ich vermute, das ist unsere ursprüngliche Daseinsform. Wir müssen keine neuen Fähigkeiten erlernen, sondern uns nur an alte Empfindungen erinnern. Wenn ich mein Bedürfnis nach Kontrolle ablege, verliere ich die Angst und das Gefühl des krampfhaften Bemühens. Vielleicht haben Kinder deshalb viel mehr Energie als wir, weil sie sich gehenlassen und im Rhythmus des Lebens mitschwingen können.

Spontaneität ist eine außergewöhnliche Gabe, und jedesmal, wenn wir ihr begegnen, fühlen wir uns wie neugeboren.

Wie kommt es, daß uns ein Schmierenkomödiant langweilt, während uns ein guter Schauspieler in Begeisterung versetzen kann? Wie kommt es, daß ein Anfänger, der auf dem Klavier herumklimpert, uns stört, während uns ein hervorragender Pianist in eine Welt der Harmonie und des Glücks entführt? Der Unterschied liegt darin, was der begabte Schauspieler und der begabte Pianist – nach langer, harter Arbeit – erreicht haben: die Quelle der Spontaneität.

Spontaneität erfordert Urvertrauen, den Glauben, daß alles, was gleich in welchem Augenblick geschieht, absolut richtig ist. Bei Kindern hat sich dieses Vertrauen nicht bewußt und logisch entwickelt, sondern ist Teil ihrer Seinsweise. Das wird mir eines Tages klar, als ich Jonathan beim Aufwachen beobachte. Er nimmt ein Spielzeug in die Hand, das während des Mittagsschlafs neben ihm liegt. Er greift danach, ohne zu zögern oder zu überlegen. Er hat nicht einmal das Bedürfnis, es vorher anzuschauen. Es ist eine schnelle und ebenso natürliche Geste, als ob wir das Licht ausschalten würden. Und doch weiß Jonathan nicht, daß sich das Spielzeug neben ihm befindet. Warum dreht er sich zu ihm um, als hätte er erwartet, es dort vorzufinden? Warum nimmt er es in die Hand? Ganz einfach: Weil es da ist.

Kinder, vor allem sehr kleine, entwickeln häufig noch keine ausgeprägten Vorlieben. Wenn wir Erwachsenen ein Programm haben, ragen die Prioritäten wie riesige, massive Hürden vor uns auf: A ist besser als B, B ist besser als C. Die Phantasie schießt ins Kraut. Wir malen uns aus, was wir erreichen möchten, wie wir an unser Ziel gelangen. Und mit der Phantasie tauchen die Wünsche und Bedürfnisse auf. Wir stehen dem Ergebnis nicht neutral gegenüber. Und Wünsche sind meistens mit Angst gepaart. Wenn wir unser Ziel nicht realisieren können, fühlen wir uns wie Versager.

Bei kleinen Kindern ist das anders. Ihnen erscheint alles gleichermaßen wichtig und interessant. Sie haben keine starren Präferenzen, sondern sind Teil dessen, was ist, mit voller Präsenz und Zufriedenheit. Das wird mir während eines katastrophalen Urlaubs in den Tropen klar. Obwohl ich die Reise sorgfältig geplant habe, landen wir in einem Touristenghetto, in einer Maschinerie, die bis ins Kleinste organisiert und darauf abgerichtet ist, jede müde Mark aus den Opfern herauszupressen. Statt der herrlichen Sandstrände finden wir eine öde Sumpflandschaft vor. Es regnet ununterbrochen, und es weht ein kalter, böiger Wind. In den Läden werden geschmacklose Souvenirs verkauft, und die Tiere, angeblich die größte Attraktion, sind nicht artgerecht gehalten, an einer Hand abzuzählen und wahrlich arm dran. Ein Reinfall auf ganzer Linie. Der reinste Nepp, wir haben das Geld zum Fenster hinausgeworfen. Nichts läuft wie geplant oder entspricht den Beschreibungen in den Reisekatalogen. Trotzdem haben unsere Kinder ihren Spaß, sind mit wenig zufrieden. In unserem Hotelzimmer lernt Emilio addieren, spielt Ball, zeichnet Fahrstühle, tobt mit mir herum, erfindet ein Spiel nach dem anderen. Jonathan lächelt den ganzen Tag und freut sich, wenn er Aufstehen üben, Papier zerknüllen oder auf dem Boden herumkriechen kann.

Wie kommt es, daß Kinder Spaß haben, während die Eltern frustriert sind? Weil Kinder flexibler sind. Sie müssen keine Phantasievorstellungen realisieren. Das Leben ist auch dann reich und interessant, wenn es nicht mit unseren Plänen übereinstimmt, vielleicht reicher als in den Reisekatalogen.

Ein Mensch ohne Präferenzen hat auch keine Vorurteile und ist bereit, in jeder Situation und von jeder Person zu lernen. Emilio und ich müssen im Mailänder Bahnhof geschlagene zwei Stunden auf den Anschlußzug warten. Wie bringen wir die Zeit herum? Dieser Ort hat einem Kind nicht viel zu bieten, denke ich. Wir gehen ins Wachsfigurenmuseum, unterirdisch angelegt, ein Bereich, der von den Reisenden ignoriert und menschenleer ist, ein krasser Gegensatz zur hektischen Betriebsamkeit, die oben herrscht. Hier kann man bekannte Persönlichkeiten aus allen Epochen besichtigen: Papst Johannes, Gorbatschow, Marilyn Monroe, Napoleon, Dante, Garibaldi, Landru und Fußballstars aus der heutigen Zeit. Sie verharren reglos in einer transzendentalen Zeit, losgelöst vom unablässig kreisenden Karussell menschlicher Belange, und sie sehen so unwirklich aus, daß wir eine Gänsehaut bekommen.

Emilio ist fasziniert. Er fragt nach Einzelheiten aus dem Leben der einzelnen Wachsfiguren, vor allem interessiert ihn der Massenmörder Landru. Warum hat er sich nicht mit seinen Ehefrauen vertragen? Wie konnte er sie in den Ofen stecken und verbrennen, sie haben sich doch bestimmt gewehrt? Würde ich so etwas Schlimmes mit Mama machen? Und wer ist Dante? Warum kann er die Hölle besuchen und wir nicht? Ist er mit den Fußballern befreundet? Wir machen die Runde, schauen eine Wachsfigur nach der anderen an, danach beginnen wir noch einmal von vorne. Ich finde die Sammlung banal und geschmacklos, aber Emilio befindet sich in einem verzauberten Schloß. Am Schluß erhält das Wachsfigurenkabinett auch für mich einen gewissen Reiz, als ich meine Erwartungen über Bord werfe und es mit anderen Augen betrachte. Ich lebe in der Gegenwart, mit dem was ist, ohne einen Gedanken daran zu verschwenden, was sein sollte. Ich lasse mich auf das Staunen eines Kindes ein, das jedes Ereignis in verwertbares Lernmaterial verwandelt.

Wir sind nicht mit dem Hintergedanken ins Wachsfigurenmuseum gegangen, dort etwas zu lernen. Das geschah rein zufällig. Es wäre mir lieber gewesen, wenn in der Nähe des Bahnhofs ein Park mit Bäumen und einem Spielplatz gewesen wäre. Oder ein Spiel- und Lesezimmer im Ferrovie dello Stato, ohne Eintritt, eine kleine Aufmerksamkeit des Hauses. Dem war nicht so, und die zwei Stunden hatte ich anfangs als reine Zeitverschwendung erachtet. Aber für ein Kind gibt es keine Zeit, die verschwendet wäre. Jede Zeit ist Teil der Gegenwart und folglich interessant. Die ganze Welt ist ein einziger, großer Spielplatz. Das Leben geht nicht erst in zwei Stunden weiter, es findet hier und jetzt statt.

Bei dieser Gelegenheit sehe ich auch die Gefahr, wenn wir Spontaneität fordern und damit in einen Zwang verwandeln. Wir lernen aus dem Stegreif. Unser innerstes Wesen verfügt

über das dazu benötigte Rüstzeug und die Bereitschaft. Wenn wir uns jedoch in den Kopf setzen, daß wir lernen müssen, führen wir den Prozeß künstlich herbei. Eine ansonsten mühelose Erfahrung wird in ihre Einzelteile zerlegt und eingebleut. Das ist so, als würde man jemandem beibringen wollen, wie man hungrig ist, liebt oder einen Orgasmus hat. Alles, was mit dieser gedanklichen Perversion in Berührung kommt, wird nie wieder spontan sein.

Genauso ist es mit Kindern. Wenn ich nur daran denke, was wir ihnen eintrichtern, bevor sie das Leben unserer Meinung nach meistern können, bin ich schon erschöpft. Sie müssen laufen, sprechen, sich die Schuhbänder zuschnüren, mit Messer und Gabel essen, anständiges Benehmen, warten, Zeit und Raum verstehen, lesen, schreiben und weiß Gott was sonst noch lernen. Trotzdem geschieht das völlig mühelos, solange sich niemand einmischt. Emilio, drei Jahre alt, ruft mich in der Arbeit an, um mir zum Geburtstag zu gratulieren. Später finde ich heraus, daß er das ohne Hilfe bewerkstelligt hat. Woher wußte er, wie man meine Nummer wählt? Das hat ihm niemand beigebracht. Er hat nur seiner Mutter dabei zugeschaut und die Prozedur genauso leicht verinnerlicht wie schlafen oder atmen.

Vielleicht versuchen wir, unseren Kinder viel zuviel beizubringen, statt von ihnen zu lernen. Eines Tages ist Emilio frech zu Vivien. Ich finde, daß er sich entschuldigen sollte, aber ich erkläre ihm nur, daß Mama jetzt traurig ist. Ich hoffe, daß er sein ruppiges Verhalten vor dem Zubettgehen wieder gutmachen wird. Drei Stunden lang fällt kein Wort darüber. Schließlich, als er auf dem Topf sitzt, bittet er seine Mutter, ihm ein Lied vorzusingen. Ein melancholisches Lied, das sie ihm nicht mehr vorgesungen hat, seit er ein Jahr alt war. Das ist seine Art, Frieden zu schließen, zu sagen: »Komm, wir wollen uns wieder vertragen und liebhaben wie damals.« Es ist eine anrührende und viel originellere Sühne als das bürokratische Armesünderbänkchen, das mir vorschwebte. Ich bin froh, daß er nicht lernen mußte, was ich ihm beigebracht hätte.

Langsam, aber sicher entwickle ich mehr Offenheit in meiner Einstellung. Ich greife seltener ein, beobachte lieber, manchmal mit Staunen. Das ist eine Einstellung, die wir in der heutigen Zeit weitgehend verloren haben. Wir neigen zu blindem Aktivismus: zerbrechen, auseinanderreißen, verändern, steuern, zähmen, ausbeuten. Doch wenn wir lernen, Achtung vor natürlichen Prozessen zu haben und zu warten, lernen wir wieder zu sehen. Oft wünschen wir uns verzweifelt zu handeln, statt untätig die Hände in den Schoß zu legen, zu reden statt zu schweigen, Schlußfolgerungen zu ziehen, statt Ungewißheiten zu akzeptieren, zu zeigen, daß wir recht haben, statt zuzuhören, zu besitzen statt zu genießen. Diese Entwicklungen sind universell, zumindest in unserer Kultur, selbst bei passiven und lethargischen Menschen.

Zuhören. Sein. Geschehen lassen. Diese mentalen Einstellungen sind Grundvoraussetzungen für die Meditation und weitgehend in Vergessenheit geraten. Aber sie könnten uns helfen, die Liebe und das Staunen wiederzuentdecken.

Eines Morgens lege ich mich neben Emilio ins Bett, als er gerade aufwacht. Ich sehe gern zu, wie er langsam »zu Bewußtsein« kommt und zu denken beginnt. Ich bin versucht zu fragen, wie es ihm geht, wie er geschlafen und wovon er geträumt hat, die üblichen Fragen, die Eltern ihren Kindern stellen. Aber ich warte und schweige. Emilio ist wach. Er blickt zur Decke, seine Augen bewegen sich pfeilschnell. Am Rhythmus seines Atems erkenne ich, daß er nachdenkt. Ich würde liebend gern erfahren, worüber, aber er würde nur wie alle Kinder, die man mit Fragen nervt, antworten: »Über nichts.« Ich will den Fluß seiner Gedanken nicht unterbrechen. Es gelingt mir, meine Zunge im Zaum zu halten und stumm neben ihm zu liegen. Meine Gedanken werden ruhig. Eine volle Stunde verstreicht. Ich spüre, daß Emilio immer noch nachdenkt. Dann sagt er: »Papa, was ist der Unterschied zwischen vielleicht und möglicherweise?«

Woran hat Emilio in dieser Stunde gedacht? Ich werde es wohl nie erfahren, aber ich wäre auch keinen Deut schlauer, wenn ich gefragt hätte. Wie lautet noch gleich das Sprichwort: Reden ist Silber, Schweigen ist Gold. So ist das nun mal, Punktum. Aber ich habe eine wichtige Lektion über die Kunst des Schweigens gelernt.

# Unschuld

*Ziel: Spielplatz, drei Häuserblocks entfernt. Emilio hat die Freuden des Dreirads entdeckt. Selig tritt er in die Pedalen, während ich ihm zu Fuß folge. Wir brauchen zwei Stunden, bis wir den Spielplatz erreichen. Unser kurzer Spazierweg entpuppt sich als abenteuerliche Reise in ein unbekanntes Land. Als erstes begegnen wir einem Halteverbotsschild. Emilio möchte diesen geheimnisvollen rotblauen Kreis mit dem dicken Balken verstehen, und warum hier keine Autos stehen dürfen, und ob wir hier anhalten können, und wer aus der Ausfahrt herauskommt …*

Als nächstes treffen wir das kleine rote und das kleine grüne Männchen an der Ampel. Es macht Spaß, sie zu beobachten und »jetzt!« zu rufen, wenn das eine verschwindet und das andere aus dem Nichts auftaucht.

Auf einer Litfaßsäule ist ein Kind mit einem dreieckigen Mund abgebildet, das einen dreieckigen Keks ißt. Das findet Emilio faszinierend. In den Ritzen zwischen den Pflastersteinen des Gehsteigs wächst eine winzige Blume, die Aufmerksamkeit verdient. Und wie kann man Hundekacke in Form einer Sechs ignorieren?

Zuerst bin ich ungeduldig. Wollten wir nicht zum Spielplatz? Also dann, tritt in die Pedale und trödel nicht herum. Wozu haben wir einen Plan, wenn wir uns nicht daran halten! Bald wird mir klar, daß der kurze Ausflug in Wirklichkeit eine lange Reise ist. Wir befinden uns nicht auf einer x-beliebigen Straße der Stadt, die von A nach B führt, sondern sind in einen Mikrokosmos geraten.

Nehmen wir beispielsweise die Telefonzelle. Was steckt man in den Schlitz? Eine Telefonkarte. Mach mal. Wir experimentieren mit verschiedenen Anrufen: Nummern erscheinen und verschwinden auf dem LCD-Bildschirm wie von Zauberhand, unheimliche, knackende Geräusche, die Geisterstimme mit der Zeitansage, die Karte, die wieder herauskommt, nachdem man den Hörer aufgelegt hat, Phantasiegespräche mit Mama, mit dem Doktor, mit dem Großvater, Versuche, eine Piniennadel in den Schlitz zu stecken usw. Und was hat das Alfa-Romeo-Zeichen zu bedeuten? Was macht die Schlange auf einem Auto? Plötzlich sieht die Welt auch für mich wundersam aus, wie verzaubert. Wir setzen unsere Reise fort, schauen uns die Namensschilder neben den Türklingeln an. Wenn man auf den Knopf drückt, antwortet jemand. Und der blankpolierte runde Messingknauf spiegelt die ganze Umgebung wider.

Ich begreife, daß Kinder die Zeit ganz anders als Erwachsene erleben. Für uns ist die Zeit wie ein Pfeil, der nur in eine Richtung, in die Zukunft weist. Wir müssen ein Ziel erreichen, alles andere ist zweitrangig. Unsere Zeit ist eindimensional, verarmt. Die Zeit der Kinder gleicht dagegen einem Kreis. Sie führt nirgendwohin. Sie taugt nicht für die Bewältigung des Alltags. Kinder würden jeden Zug verpassen, ja es würde nicht einmal einen Zugfahrplan geben, wenn wir Erwachsene diese Zeitvorstellung hätten. Doch die Zeit der Kinder zeichnet sich durch Offenheit aus. Alles kann in ihr geschehen, und alles wird als Überraschung empfunden. Das Leben ist stets neu und interessant, und alles, was uns in dieser Zeit begegnet oder widerfährt, naturgegeben. Hier können wir jede Erfahrung genießen, als sei es das erste Mal. Das ist Unschuld.

Zuerst ärgert es mich, daß ich meine vertraute Weltsicht gegen diese willkürliche Perspektive eintauschen muß. Aber nach und nach erkenne ich, daß die Mittel genauso wichtig sein können wie der Zweck, daß sie im Grunde sogar ein und dasselbe sind. Ich spüre, wie sich der Knoten in meiner Magengrube auflöst, ein Knoten, mit dem ich vertraut bin, seit ich denken kann. Es ist möglich, uneingeschränkt im Hier und Jetzt zu leben, sich vom Fluß des Lebens tragen zu lassen, ohne Ziel, denn wo immer wir uns auch befinden, sind wir bereits angekommen.

Um diese innere Einstellung und ihre Folgen zu verstehen, muß ich nur die Ereignisse des Tages mit Emilio Revue passieren lassen, eine Übung, die ihm gefällt. Während der Tag für uns Erwachsene oft nur ein weiterer Zeitabschnitt ist, beinhaltet er für ein Kind eine intellektuelle Erzählung von epischer Breite. Heute sind wir zur Bank und zur Post gegangen; dann hast du einen Wutanfall gekriegt, weil du die Zahnpasta essen wolltest; du hast aus den Sofakissen ein Haus gebaut; du hast einen Spaziergang gemacht und Blumen gepflückt, Schneckenhäuser und einen herzförmigen Kieselstein gefunden; du hast deinen Namen auf dem Computer geschrieben; du hast wütende Gesichter gezeichnet; du hast Kaufladen gespielt; du hast Bleistifte in den Schlitz vom Videorecorder gesteckt; du hast deine Erbsen in den Nachtisch gekippt und dann gegessen ...

Auch für mich erweist sich die Übung als nützlich, denn sie macht mir bewußt, warum jeder Tag einzigartig ist. Früher kam mir ein Tag mehr oder weniger wie der andere vor, er war anonym und blitzschnell vorüber. Für Kinder erzählt jeder Tag eine weitläufige Geschichte, dauert ein Jahrhundert an.

Kinder betrachten die Welt mit unschuldigem Blick. Wir sehen, was wir zu sehen erwarten, während sie ihre Umgebung aus einer neuen, für alles offenen Warte betrachten. Das gilt für nahezu jeden Aspekt des Lebens, beispielsweise den Wettbewerb, einen Bereich, der unseren Gefühlen und Beziehungen nicht selten Farbe verleiht. Ein Freund erzählte mir, daß sein Sohn einen Wettlauf gewonnen hatte. Während der Preisverleihung, kurz nach der Entgegennahme seines Pokals, hatte er sich zu seinen Freunden umgedreht und ihnen versichert: »Keine Sorge, ihr kriegt auch noch einen!« Für ihn bedeutete die Trophäe nicht, daß er seine Freunde überrundet hatte. Sie war vielmehr ein Geschenk, das jeder Teilnehmer am Spiel erhielt. Doch Tag für Tag trichtern wir unseren Kindern Konkurrenzdenken ein, und am Ende sind unsere Bemühungen von Erfolg gekrönt. Vielleicht sollten wir statt dessen zulassen, daß sie unsere Weltsicht beeinflussen und uns ein Leben schmackhaft machen, in dem alle gewinnen, ihren Spaß haben und das Glück der anderen genauso erstreben wie das eigene.

Ich versuche mir vorzustellen, wie Emilio die Welt sehen mag. Er ist noch kein Jahr alt und der Sprache noch nicht mächtig. Nach seinem Interesse und Mienenspiel zu urteilen, muß sie voller Überraschungen sein. Die Blätter, die sich an den Zweigen der Bäume bewegen, zeichnen reine Energiewellen nach, die Spiegelbilder auf Metallgegenständen sind der Abglanz eines anderen Universums, die verschnörkelten Zeichnungen auf einem Bucheinband stellen ein Labyrinth dar, eine Tulpe ist ein farbiger Abgrund, in den man lustvoll eintauchen kann.

Daß Kinder vermutlich eine Version der Welt wahrnehmen, die unverbildeter ist als die der Erwachsenen, hat einige Nach-

wirkungen. Ich erinnere mich, als mein Patenkind Jason mit zehn Monaten zum erstenmal eine Ameise entdeckte, eine ziemlich große, eindrucksvolle. Plötzlich betrachtete auch ich sie, als sei es das erste Mal. Ein seltsamer Anblick. Wir nehmen Ameisen als etwas Selbstverständliches hin, aber wenn man zum ersten Mal eine sieht, ist das ein spannendes Erlebnis – als würde uns auf der Straße ein Dinosaurier oder ein Einhorn begegnen. Ein buntes Kaleidoskop von Formen, Vorstellungsbildern, die ungetrübt sind durch logische Überlegungen, Erinnerungen oder Vorlieben, so sieht ein Kind die Realität: in unverbildetem Zustand.

Ich hatte ein ähnliches Erlebnis, als ich mit Jason zusammen einen Spielmannszug entdeckte. Wie nimmt ein Kind eine Prozession wahr, die plötzlich mit Posaunen und Trommeln auf der Straße auftaucht und Musik von sich gibt? Ein wundersames Spektakel, mit glänzendem Messing und roten Uniformen, seltsamen Tönen und stolzem Marschschritt. Wenn ich mich in Gesellschaft eines Kindes befinde, nehme ich an dem Staunen teil, das es empfindet.

Jonathan sieht zu, wie sich eine Betonmischmaschine dreht und dumpf rumpelt. Er späht hinein und sieht einen schwarzen Kreis. Er ähnelt einem dunklen, furchteinflößenden Abgrund, nein, einem wirbelnden Strudel, der versucht, dich in seine Tiefen zu ziehen. Plötzlich ist die Betonmischmaschine kein Bestandteil der vertrauten urbanen Kulisse mehr, sondern ein Monster, das Angst und Schrecken erzeugt. Während ich Jonathan auf dem Arm halte, spüre ich, daß er sich angezogen fühlt, aber gleichzeitig auf der Hut ist. Er will nicht zu nahe heran an diesen seltsamen Apparat!

Als Jonathan ungefähr neun Monate alt ist, entdeckt er Wasser. Er beobachtet fasziniert das Naß, das aus der Leitung oder dem Schwamm rinnt. Ist es flüssig oder fest? Was mag das für ein merkwürdiges Ding sein, das man mit den Fingern durchbohren kann? Es fühlt sich angenehm an, und man kann es überall verspritzen und versprühen. Was um alles in der Welt ist das?

Jonathan entdeckt Knie, seine eigenen und die anderer Menschen. Knie oder Beine, die sich beugen und strecken, haben etwas Faszinierendes. Desgleichen eine Plastiktüte, die an einem sonnigen Sonntagnachmittag von einem Windstoß auf der Piazza in die Luft gewirbelt wird: ein surrealistischer Anblick. Geräusche in der Ferne sind eine weitere Neuentdekkung. Man muß einfach anhalten, um einem Flugzeug, einem Bulldozer, dem Wind, dem Donner oder einer quietschenden Tür im angrenzenden Raum zu lauschen. Jonathans Augen verraten gespannte Aufmerksamkeit. Geräusche, die mir vertraut und selbstverständlich geworden sind, stellen für ihn einen Geheimcode dar, den es zu entschlüsseln gilt.

Mir geht der Gedanke durch den Kopf, daß Kinder noch außerhalb der Kultur leben, in die sie hineingeboren wurden, und außerhalb der Geschichte, zumindest vorläufig. Erst ganz allmählich werden sie diese Welt betreten, an unserer Hand. Aber anfangs betrachten sie das Geschehen noch als Außenstehende, und deshalb ist ihr Blick ungetrübt. Manchmal nehmen Kinder gleichwohl uns an die Hand, entführen uns in ihre Welt, und dann sehen wir sie ebenfalls für kurze Zeit von außen, aus der Distanz, losgelöst von unserer Geschichte.

Für mich ist das wie ein flüchtiger Blick auf einen verborgenen Schatz. Als Kind war auch ich unschuldig. Später habe ich, wie jedermann, meine Unschuld verloren, bin aus dem Paradies vertrieben worden und in die allzu menschliche Welt der faulen Kompromisse und eiskalten Berechnungen, der dumpfen Gewohnheiten und Stereotypen gefallen. Alles hat einen Grauschleier angenommen. Und nun darf ich ein paar Minuten, gemeinsam mit meinen Kindern, die Schatzkammer betreten. Hier kann ich wieder Staunen empfinden, hier hat das Leben kein Zeitgefühl, Schuld- und Schamgefühle sind unbekannt, alles funkelt und besitzt den Reiz des Neuen. Hier habe ich die Chance, das Unaussprechliche wiederzuentdecken.

Die zweckorientierte Weltsicht loszulassen kann schwierig und unangenehm sein. Das ist genauso, als würden wir mit unseren Kindern in den Zoo gehen und feststellen, daß sie sich nicht für Löwen, Affen und Giraffen interessieren, sondern ganz gewöhnliche Tauben ihre Aufmerksamkeit fesseln. »Emilio, schau dir den niedlichen Koalabären an!« Nein, es müssen ganz banale Tauben sein. Aber für Emilio sind sie einmalig, weil es für ein Kind nichts Gewöhnliches oder Banales gibt.

Wir Erwachsenen leben in einer Welt, in der wir alles abhaken. Eine traurige, beschränkte Welt. Was immer wir auch ansehen, wir bilden uns ein, es in- und auswendig zu kennen, so daß wir keinen Blick mehr daran verschwenden. Wir befinden uns in einem Film, den wir bereits x-mal gesehen haben. Das nennen wir »Reifeprozeß«. Aber für Kinder hat die Welt stets den Reiz des Neuen und die Intensität des ersten Blicks, wie der erste Kuß, der erste Schultag, der erste Regenbogen.

Eines Tages schneide ich, den Anweisungen in einem Buch über elementare Geometrie folgend, Formen aus farbigem Karton aus: Dreieck, Quadrat, Kreis, in Rot, Blau, Gelb und Grün. Ich war im Papierwarenladen, eigens um farbigen Karton zu kaufen, und ich habe mir viel Zeit für das Ausschneiden der Konturen genommen. Emilio soll etwas über Mengenlehre und geometrische Systeme lernen. Mit den verschiedenen Figuren kann man pädagogisch wertvolle Spiele machen.

Als Emilio die Figuren sieht, ist er auf Anhieb fasziniert. Einen Moment lang glaube ich, daß ich mich auf der richtigen Spur befinde: Er findet das Thema interessant. Ich werde ihm etwas beibringen, wie ich es mir vorgenommen habe. Na prima, gleich werden ein paar Millionen Gehirnzellen aktiviert.

Wirklich? Vielleicht, aber nicht auf die Weise, die mir vorschwebte. Meine Vorschläge ignorierend, hat Emilio eine ganz andere Verwendung für die Kartonfiguren. Er möchte Tesafilm, damit er sie auf ein Blatt Papier kleben und eine Collage machen kann, um sie per Post an eine Freundin zu schicken, als Geschenk. Er hat die Spielregeln auf den Kopf gestellt. Dieses Mal bin ich nicht frustriert und widerstehe der Versuchung, ihm meine Lektion aufzuzwingen, die eigentlich ziemlich langweilig ist, wenn ich darüber nachdenke. Emilios Ideen sind viel origineller.

Für ein Kind ist jede Handlung, jede innere Einstellung und jedes Objekt nur das, was es ist – nicht mehr. Diese Art der Wahrnehmung ist präzise und klar umrissen. Wir Erwachsene betrachten die Welt dagegen durch den Filter unserer Assoziationen und Erinnerungen, die alles, was wir sehen, aufblähen und entstellen. Man denke nur an die zahlreichen Nebenbedeutungen, die Sexualität für uns hat: Angst und freudige Erwartung, Wünsche und Hemmungen, Erinnerungen und Phantasie. Ein Wort genügt, um eine ganze Lawine von Gedankenverbindungen loszutreten. Eines Tages wird Emilio für ein Mädchen gehalten, ein Irrtum, der infolge seiner langen Haare häufig vorkommt. Er zieht prompt die Hosen herunter, entgegnend: »Ich bin ein Junge. Schau, da ist mein Penis!«

Wie wäre der sexuelle Akt für uns, wenn wir uns in einem derart »naturbelassenen« mentalen Zustand befänden? Wir könnten eine Menge lernen, doch bedauerlicherweise sind wir darauf programmiert, Scham, Ängste und Nervosität zu empfinden, unsere Hemmungen durch verlegenes Kichern zum Ausdruck zu bringen. In dem Laden, in dem sich diese Szene abspielte, drehten sich alle Köpfe nach uns um, und ich lächelte peinlich berührt. Die Leute fanden sie amüsant, aber sie fühlten sich gleichzeitig auch eine Spur unbehaglich, wie so häufig, wenn jemand kein Blatt vor den Mund nimmt. Unschuld ist ein Zustand, in dem es keine starren Strukturen gibt, keine Knöpfe und Handgriffe, an die wir gewöhnt sind.

Eine andere Episode: Ich koche mir Kaffee wie üblich. Jonathan, im benachbarten Raum, stört das Ritual wie immer genau zum richtigen Zeitpunkt: »Papaaaaaa!« »Ja?« frage ich ungeduldig. Stille. Einen Moment später: »Nichts.« Ich mag mich getäuscht haben, aber mir scheint, als hätte seine Stimme belustigt geklungen. Gleich darauf geht es wieder los: »Papaaaaaa!« »Ja, was ist denn?« Wenn er mich ruft, muß er etwas haben wollen, oder er braucht Hilfe. Vielleicht möchte er auch nur, daß ich endlich mit ihm spiele. Oder hat er sich wehgetan? Stille. Dann: »Nichts.« Beim dritten Mal kapiere ich endlich. Es gefällt ihm einfach, mich zu rufen, meine Stimme im anderen Raum zu hören. Ich mache mit bei dem Spiel: »Jonathaaaaaan!« »Was ist?« Dieses Mal schweige ich ein paar Minuten, bevor ich »nichts« erwidere. Ich höre Jonathan lachen. Wir haben Spaß miteinander. Ich habe meine mentalen Schemata über Bord geworfen. Ich fühle mich frei und ein bißchen kindlich und unschuldiger.

Emilio und Jonathan leben in Unschuld, noch. Ich kann lernen, meine eigene Unschuld wiederzuentdecken. Manchmal gelingt es mir, mich aus dem Joch meiner Vorstellungen und logischen Überlegungen zu befreien. Ich erkenne, daß ich mich auf demselben Territorium befinde, das Menschen betreten, die meditieren oder beten. Ich versuche, offen und aufnahmebereit zu sein, statt meine Kinder anzuleiten, mir meine Annahmen und Vermutungen um jeden Preis »abzukaufen«. Ich lasse mich von ihnen an die Hand nehmen und mir eine Welt voller Wunder zeigen.

# Willenskraft

*Ich befinde mich auf der obersten Stufe einer glitschigen Rutsche. Wer um alles in der Welt hat einen so seltsamen Mechanismus erfunden? Er besteht aus Rollen, die sich drehen, wenn man hinunterrutscht, und ist ziemlich hoch. Von unten sieht die ganze Sache harmlos aus, aber nicht von oben. Jetzt wird mir klar, warum manche Kinder zögern, bevor sie die Handgriffe loslassen. Mir wird schwindlig. Warum bin ich überhaupt hinaufgestiegen? Weil Emilio es so wollte, was sonst. Er hat keine Ruhe gegeben.*

»Los, Papa, du auch!«

»Das geht nicht, Rutschen sind nur für Kinder.«

»Aber es sind keine Kinder da!«

»Ich bin zu groß.«

»Aber die Rutsche ist auch groß! Du paßt schon rein.«

»Du solltest endlich lernen, für dich allein zu spielen.«

»Ja, aber ich möchte auch mal mit dir spielen.«

Emilio ist allerdings nicht so beharrlich wie sonst. Ich weiß, daß ich mit einer glatten Weigerung davongekommen wäre. Dann würde er jetzt für sich allein spielen. Aber irgendwie hätte ich dabei kein gutes Gefühl gehabt. Im Grunde möchte ich ja mit ihm zusammen etwas unternehmen. Auf der anderen Seite wäre es natürlich bequemer, mich auf eine Bank zu setzen und ihm zuzuschauen. Tue ich's jetzt, oder tue ich's nicht? Ich gebe meinem Herzen einen Stoß.

Es ist grauenhaft. Es kostet mich Überwindung. Ich kämpfe gegen meine eigene Faulheit an. Die Rollen massieren meinen Körper. Emilio ist glücklich. Während ich herunterrutsche, fühle ich mich in jedem Wortsinn durchgerüttelt und mißhandelt. Mitgerissen von einem Strudel der Empfindungen geht mir der Gedanke durch den Kopf, daß dieser Abstieg ein hervorragendes Symbol für das Leben ist, sobald man Kinder hat. Man darf nicht eine Minute still sitzen und verliert zunehmend die Kontrolle. Man wird herumgeschubst. Man erleidet zahllose Unannehmlichkeiten. Man fragt sich, wie man sich in solch eine Situation hineinmanövrieren konnte. Jedes noch so kleine Vergnügen erfordert ein hartes Stück Arbeit. Und man wird von allen Seiten durchgewalkt.

Herunterzurutschen war ein reiner Willensakt. Ich habe beschlossen, mich auf die Mutprobe einzulassen, auch wenn der Weg des geringsten Widerstands darin bestanden hätte, mich herauszureden. In den drei Minuten, die es dauert, bis ich unten bin, begreife ich, wie leicht man sich drücken und einrosten kann. Ich sehe, wie meine Kinder mich aus meiner Lethargie reißen, wenn ich es zulasse. Ich erkenne, daß ich gerade in meinem Leben als Vater meine Willenskraft aktivieren kann – eine Fähigkeit, die unendlich kostbar ist und meine psychische Energie verbessert.

In der Rutschen-Episode mußte ich entscheiden, ob ich mitspielen oder lieber auf der Bank sitzen will. Häufig gilt es einfach nur zu dem Entschluß zu kommen, hundertprozentig präsent zu sein. Im Zusammenleben mit meinen Kindern stellt sich in jedem Augenblick die Frage: Wieviel von mir selbst bin ich zu geben bereit? Die einzige Antwort, die funktioniert, lautet: »Hundert Prozent«. Kindern kann man nicht als »Teilzeitkraft« zur Verfügung stehen.

Ich gebe Jonathan Frühstück. Er mag gern verschiedene kleine Häppchen zum Probieren: ein paar Sultaninen, ein Stückchen Brot, Banane, Apfel. Ich habe alles griffbereit hingestellt und werfe einen Blick in mein Buch, in der Annahme, daß mir nun zehn Minuten Lesepause vergönnt sind. Ich habe noch keine halbe Seite geschafft, als ein »ah, ah« von Jonathan ertönt. Er kann noch nicht sprechen, aber sehr gut kommunizieren. Das Essen genügt ihm nicht, er will, daß ich ihm Gesellschaft leiste und nicht nur körperlich anwesend bin. Er möchte mich. Ich möchte gleichwohl lesen. Nachdem ich ein paar Worte an ihn gerichtet habe, damit er zufrieden ist und Ruhe gibt, versuche ich wieder, mich in mein Buch zu vertiefen. Ein paar Sekunden vergehen, dann kommt wieder ein »ah, ah«, und dieses Mal streckt er die Hand aus, um mich zu berühren. Ich bin noch nicht bereit, kampflos aufzugeben, deshalb lege ich einen Knusperkeks auf seinen Teller, einen harten, den er lutschen muß. Damit wird er mindestens zehn Minuten beschäftigt sein. Ich kehre wieder zu meinem Buch zurück. Doch wieder unterbricht mich sein »ah, ah«, dieses Mal eindringlicher.

Mir wird klar, daß ich das Lesen abschreiben kann und ich mich sowieso lieber mit dem Kleinen beschäftige – die richtige Entscheidung. Wir blicken uns in die Augen. Obwohl er mich bei dieser Machtprobe bezwungen hat, war das Nachgeben ein Akt meines freien Willens. Nachdem ich beschlossen habe, voll anwesend zu sein, fühle ich mich in Harmonie mit mir selbst und der Welt. Ich weiß, daß es richtig war.

Ich entdecke dieses Gefühl der persönlichen Integrität auch auf andere Weise, indem ich beispielsweise alles daran setze, Versprechen zu halten, koste es, was es wolle. Wir sollten immer zu unserem Wort stehen, gleichgültig, wem wir es gegeben haben, aber bei Kindern ist der Gerechtigkeitssinn besonders stark ausgeprägt. Sie können es nicht ertragen, wenn man ihre Hoffnungen enttäuscht, und fühlen sich verraten. Eines Morgens, bevor ich zur Arbeit fahre, verspreche ich Jonathan, daß ich ihn abends ins Bett bringen werde, ein Ritual, das ihm große Freude macht. Aber ich komme erst spät nach Hause, und er schläft bereits tief und fest. Ich frage Vivien, wie der Abend gelaufen ist. Hat er sich an mein Versprechen erinnert? Allem Anschein nach nicht, denn er war brav, ein richtiger kleiner Engel.

Am nächsten Morgen, als ich mich im Badezimmer rasiere, öffnet Jonathan die Tür und runzelt ungehalten die Stirn. Sein Blick sagt alles, es bedarf keiner Worte. Ich habe ihn enttäuscht. Als abzusehen war, daß ich zu spät kommen würde, hätte ich ihn zumindest anrufen können. Wieder einmal erkenne ich, wie wichtig die persönliche Integrität ist. Ich nehme mir vor, alles zu tun, um meine Zusagen in Zukunft konsequent einzuhalten, statt sie zu vergessen und zu hoffen, daß man mir schon nicht den Kopf abreißen wird. Aus diesem Grund brauche ich Willensstärke.

Emilio und ich gehen spazieren. Wir sehen ein Kind mit einem großen türkisfarbenen Eis, das mit Liebesperlen bestreut ist, aus der Gelateria herauskommen. »Ich will auch so eins!« Die türkisfarbene Eiscreme, eine Kombination aus seiner Lieblingsfarbe und seiner Lieblingsspeise, ist unwiderstehlich. Aber ich bleibe hart. Es ist bald Essenszeit, und davon abgesehen hatte Emilio heute bereits ein Eis. Ich sage nein. Er wird wütend. Er schreit Zetermordio, wirft sich auf den Boden, boxt, weint herzzerreißend – erprobt alle Strategien, die ihm einfallen, um mich in der Öffentlichkeit bloßzustellen. Die Passanten drehen sich nach uns um. Er kreischt: »Ein Eis, bitte, bitte, bitte, bitte, ich will doch nur ein Eis!«

Die Versuchung, nachzugeben, ist groß. Emilio wäre glücklich und zufrieden, und die hochnotpeinliche Situation hätte ein Ende. Es wäre nicht das erste Mal, und Emilio hat die Techniken, mit denen er mich zur Kapitulation zwingt, inzwischen fortlaufend perfektioniert. Ich habe schon häufiger Regeln aufgestellt, um kurze Zeit später dagegen zu verstoßen. Warum soll ich eigentlich keine Ausnahme machen? Es handelt sich schließlich nur um ein Eis, davon geht die Welt nicht unter. Warum stur stellen? Emilios Wutanfall wird uns allen den Abend verderben.

Aber es ist nicht richtig, ich muß zu meinem Wort stehen. Ruhig und entschlossen sage ich: »Nein!« – ungeachtet seiner Überredungskünste. Wenn ich früher das Handtuch warf, kam ich mir trotz der Ruhe, die unverzüglich einkehrte, wie eine Amöbe vor. Emilio war meine Inkonsequenz natürlich nicht entgangen: »Du gibst doch sowieso nach!« Oder wenn ich eine Strafe angedroht hatte: »Das sagst du immer, aber du tust es ja doch nicht!« Meine Wankelmütigkeit zeugte von Schwäche, von Kleinbeigeben, von Unaufrichtigkeit. Ich hatte mich selbst und meine Worte Lügen gestraft. Dieses »Ja und Amen« stammte von einem Menschen, der sich geschlagen gab. Meine Worte waren keinen Pfifferling wert. Ich hatte mein Gesicht verloren.

Ein schlichtes »Nein« weist dagegen auf Entschlossenheit hin. Es ist ein sinnvolles Wort. Eltern benutzen es häufig, und sie sollten wissen, wann und wie sie es verwenden: ohne Wut, Anmaßung oder Schuldgefühle. Ein einfaches »Nein«, ohne jede Nebenbedeutung. Auch das ist Ausdruck meiner Willenskraft.

»Nein« kann ein unangenehmes Wort sein. Es kann Konflikte, Widerstand und heimlichen Groll erzeugen. »Ja« ist eine bequemere Option. Zunächst kostet sie uns nichts, sondern ruft vielmehr Begeisterung, Dankbarkeit und Euphorie hervor. Aber wenn wir immer nur »ja« sagen, verliert das Wort an Bedeutung. Auch das »Nein« hat seine Daseinsberechtigung und seinen Platz. Es kann die Integrität und Glaubwürdigkeit wiederherstellen. Das »Ja« kann einem Erdrutsch gleichen, das »Nein« ist ein Bollwerk.

Willenskraft ist ungeheuer wichtig. Meine Arbeit als Psychotherapeut hat mir ihre Bedeutung vor Augen geführt. Menschen, die ihre Willenskraft noch nicht gefunden oder verloren haben, sind depressiv und desorientiert. Ich entdecke sie mit meinen Kindern aufs neue. Ich hatte oft das Gefühl, ihnen auf Gedeih und Verderb ausgeliefert und meiner Willenskraft beraubt zu sein.

Durch große Willensanstrengung und nach vielen Schwierigkeiten ist mir klar geworden, daß ich mich manchmal unbeliebt machen muß. Es ist besser für die Kinder und für mich. Ich weiß, wer ich bin, und ich fühle mich nicht mehr wie eine Amöbe, sondern wie ein menschliches Wesen, das für sich und seine Überzeugungen einsteht.

Eltern müssen sich durch ein Minenfeld kämpfen, in dem es ungezählte Möglichkeiten gibt, etwas vorzutäuschen, zu vergessen, zu schummeln und sich aus schwierigen Situationen herauszulavieren. Das Leben ist hart, und man will schließlich nicht auf der Strecke bleiben. Nehmen wir beispielsweise die Neigung, »auf Sparflamme zu kochen«. Im Zusammensein mit Kindern ist das gang und gäbe, weil sie viel Arbeit erfordern. Ich habe mir vorgenommen, mein Bestes zu tun, aber oft mogle ich. Ich weiß, daß es gut für Emilio ist, wenn ich ihm vor dem Zubettgehen eine Geschichte vorlese oder noch ein Weile mit ihm plaudere. Aber wenn ich geschafft bin, tue ich manchmal so, als hätte ich es vergessen. Wenn ich mich trotzdem aufraffe, fühle ich mich hinterher besser und er auch. Wir haben den Tag harmonisch ausklingen lassen, statt der Schwäche nachzugeben und sich ins eigene Schneckenhaus zurückzuziehen.

Ich habe Jonathan gerade gewaschen und umgezogen. Und was macht er? Er hat nichts Besseres zu tun, als wieder im Matsch zu spielen. Es wäre mir ein Leichtes, ihn von seinem Vorhaben abzulenken. Aber ist es richtig? Kindern macht es großen Spaß, mit den Händen in der Erde zu wühlen, sich selbst und alles andere ringsum schmutzig zu machen. Also gut: zurück in den Matsch.

Willenskraft allein macht mich weder strenger noch nachgiebiger. Sie ermöglicht mir nur, meine Entscheidung klarer zu bestätigen. Wir befinden uns in einem Restaurant und hören ein Baby weinen. Jonathan ist erschrocken und möchte den Grund herausfinden. Vielleicht will er das Kind trösten. Ich weiß, daß es wichtig für ihn ist, und möchte ihn ermutigen, Empathie, die Fähigkeit, sich in andere hineinzuversetzen, zu entwickeln. Aber ich bin zu faul, um vom Tisch aufzustehen, und ich habe Angst, mich lächerlich zu machen. Schlimmer noch, die Pasta würde kalt werden. Ich überwinde mich trotzdem, und wir gehen los. Auch das ist Willenskraft.

Emilio erhält Taschengeld, aber es reicht nicht für die Sticker, mit denen er liebäugelt. Er macht mir den Vorschlag, den Rest beizusteuern. Ich bin versucht, mich darauf einzulassen, es ist ohnehin nur ein kleiner Betrag. Aber wie lernt er den Wert des Geldes besser schätzen? Ich gelange zu der Schlußfolgerung, ihm das Geld nicht zu geben. Er kann auf den nächsten »Zahltag« warten, sich ausrechnen, wieviel er noch ansparen muß, kann lernen, daß Geld nicht auf Bäumen wächst und seine finanziellen Grenzen zu akzeptieren. Eine weitere Entscheidung, mit der ich mich unbeliebt mache, die Geheul und endlose Diskussionen mit sich bringt. Trotzdem weiß ich instinktiv, daß ich richtig gehandelt habe.

Das hat nichts mit Perfektionsstreben zu tun. Ich weiß, daß man bei der Erziehung seiner Kinder häufig Kompromisse eingehen, sich zurücknehmen, etwas zulassen muß. Aber was immer man im Leben auch tut, man kann es bestmöglichst oder stümperhaft tun, während man mit seinen Gedanken anderswo ist. Ich möchte es bestmöglichst tun.

Ich denke an Arbeiten, die anfallen, wenn man ein Haus besitzt: an schlampig verlegte Dachziegel, unebenen Putz, undichte Waschbecken, in aller Eile verlegte elektrische Leitungen. Anfangs scheint alles in bester Ordnung zu sein, aber im Lauf der Zeit machen sich die Mängel bemerkbar, auch der Handwerker selbst erkennt den Unterschied zwischen Qualitätsarbeit und Pfusch. Einmal hatte ich einen Maurer, der schlampige Arbeit lieferte. Als ich ihn darauf hinwies, entschuldigte er sich mit den Worten: »Das kommt in den besten Familien vor!« Vielleicht fand er das witzig, aber ich bezweifle, daß er mit dem Ergebnis seiner Arbeit zufrieden war. Der Maler, der die Außenwände unseres Hauses gestrichen hat, war aus einem ganz anderen Holz geschnitzt. Er leistete erstklassige Arbeit und achtete sogar darauf, das Schwalbennest unter dem Dach nicht zu beschädigen. Er war stolz auf das Ergebnis, zufrieden mit sich selbst. Eine Arbeit mit Kompetenz, Genauigkeit und Engagement zu verrichten mag Mühe erfordern, aber nur dann erfüllt sie uns.

So verhält es sich auch mit Kindern. Sie großzuziehen ist ein schöpferischer Akt, und wir können die Aufgabe nach bestem Wissen und Gewissen in Angriff nehmen oder alle fünfe gerade sein lassen. »Der Gott der kleinen Dinge« lebt. Sich in spektakulären Situationen zu bewähren ist keine Kunst. Der tatsächliche Wert eines Menschen offenbart sich oft erst darin, wie gut er die kleinen Hürden im Alltag meistert.

Und es gibt noch einen weiteren Bereich, in dem ich meine Willenskraft finden kann: Wenn ich den Anspruch auf meine eigenen Welt der Interessen und Aktivitäten geltend mache. Eines Nachts träume ich, daß an meiner sündteuren Kamera, auf die ich sehr stolz bin, überall Apfelsaftkonzentrat klebt. Es ist auch ins Gehäuse eingedrungen, so daß sie sich nicht mehr reparieren läßt. Entsetzt wache ich auf, und sofort wird mir die Bedeutung des Traumes klar. Die Kamera symbolisiert meine kreative Welt und die Verbindung zur Schönheit, während das Apfelsaftkonzentrat, das wir zum Süßen verwenden, meine Kinder repräsentiert. Die beiden kleinen Halunken haben meine Privatsphäre verletzt und etwas zerstört, woran mir sehr viel liegt. Ein anderes Mal träume ich, daß ich ein Violinkonzert auf einer Stradivari geben will, die mir im Traum gehört. Die Stunde der Aufführung rückt näher, als ich bemerke, daß ich das kostbare Instrument verloren habe. Ich schrecke hoch, in Panik – bin ich dabei, mein schöpferisches Talent, meine Kreativität einzubüßen?

Jetzt ist mir alles klar. Wenn ich mich nicht selbst verlieren will, muß ich lernen, meine Privatsphäre zu schützen. Das setzt Entschlossenheit voraus. Mit Willenskraft und konsequenter Haltung gewinne ich Boden, als würde ich eine Lichtung im Urwald roden. Es gelingt mir, Zeit allein mit Vivien zu verbringen, zu lesen, zu schreiben, mich mit Freunden zu treffen und Blumen zu fotografieren, meine große Leidenschaft. Als ich das Haus verlasse, höre ich Emilios Vorwurf: »Nie bist du da!« Doch als ich zurückkomme, bin ich glücklich und hundertprozentig präsent, genau wie meine Kinder. Es war nicht leicht, aber ich habe mich wiedergefunden.

Manchmal bewirkt schiere Willenskraft, daß ich anderen fürsorglicher gegenübertrete. Und manchmal hilft sie mir, fürsorglicher mit mir selbst umzugehen. Die Willenskraft an sich ist neutral, ein Instrument, das meine Möglichkeiten vervielfacht.

Willenskraft. Das Zusammenleben mit meinen Kindern bietet mir unzählige Gelegenheiten, sie zu stärken. Sie muß sich nicht streng und diktatorisch auswirken, sondern rein und klar sein. Willenskraft, mit der ich eine Lanze für meine Überzeugungen breche, die meinen Mut, meine Entschlossenheit und meine Beharrlichkeit stärkt. Sie hat zahllose Gesichter, aber immer dasselbe Ergebnis: Sie führt mich auf den Weg der inneren Kraft, die so viele Facetten hat wie ein Diamant, die ganzheitlich, stark und strahlend ist.

# Liebe

*Jonathan, vier Monate alt, lächelt uns an. Vivien und ich spielen mit ihm. Er ist rundum zufrieden. Er genießt es, mit uns zusammen zu sein. Das ist wahres Glück. Er zappelt mit den Armen und bringt damit zum Ausdruck: »Mehr, mehr.« Er hat Spaß, möchte das Gefühl bewahren. Lachend scheint er zu sagen: »Es ist wundervoll zu lieben.« Wie an einer reich gedeckten Tafel, es ist genug für alle da. Das ist wahre Liebe, eine sich selbst genügende Liebe, der Hemmungen fremd sind, eine Liebe, die begreifbar und spirituell zugleich ist. Jonathan ist frei.*

Jonathan denkt nicht über das Gleichgewicht zwischen Geben und Nehmen nach. Seine Liebe braucht keine Begründungen, wird im Hier und Jetzt verschenkt. So einfach ist das. Warum können nicht alle Menschen auf diese Weise lieben?

Ich bin ein fürsorglicher Mensch. Das ist eine natürliche Reaktion, die man auch in der Tierwelt beobachtet: Säugetierjunge überleben, weil sie diese fürsorgliche Reaktion auslösen können. Die Tiere im Rudel, denen das nicht gelingt, werden von den Wölfen gefressen. Aber für mich ist das keine Überlebensstrategie, sondern das reine Vergnügen. Wie Jonathan habe ich Freude an mir selbst. Seine Freiheit wirkt ansteckend. Jede Form der Liebe sollte so sein – freizügig, ohne Erwartungen, Werturteile oder Vergleiche.

Ich stelle fest, wie schwer es für mich ist, loszulassen – wie riskant. Zuerst muß ich einige Hürden überwinden. Gefahr. Verbotenes Terrain. Betreten verboten. Alarm. Dann erkenne ich, daß ich beim Betreten einer so verheißungsvollen Welt alles andere vergesse, jedes Zeitgefühl verliere, am liebsten nie mehr zurück will. Ich zögere einen Augenblick. Die Gefühle überwältigen mich.

Wir alle haben zahlreiche Selbstschutzmechanismen entwickelt, um unsere wahren Empfindungen zu verbergen, aus Angst, wie ein offenes Buch und verletzbar zu sein. Schönheit rüttelt uns wach und verwandelt uns. Ich beschließe, das Risiko einzugehen, den schützenden Panzer abzulegen und diese Liebe hereinzulassen. Sie ist eine Offenbarung.

In den dunkelsten Augenblicken erscheint mir das Leben sinnlos – ein Mechanismus mit zahllosen Kolben, Knöpfen und Rädern, der viel Lärm um nichts macht. Ich denke daran, daß sich die Zeit alles einverleibt, nichts in dieser instabilen Welt einen bleibenden Wert hat. Selbst die größten Triumphe der Menschheit – Beethovens Symphonien, Shakespeares Werke, die Worte Jesu, Einsteins Theorien – werden eines Tages vermutlich der Vergessenheit anheimfallen.

Wenn man Kinder hat, wird einem diese Perspektive voll bewußt. Tag für Tag steckt man im selben Trott: arbeiten, hin-

und herrennen, sich aufregen, sich sorgen. Ich bin Koch, Kellner, Pförtner, Chauffeur, Lehrer, Krankenpfleger, Babysitter und Clown in einem. Eine Maschinerie, deren Rädchen sich unerbittlich drehen und durch Erschöpfung, Stunden und Tage, Ängste und Freuden, Worte und Lachen, Weinen und Schreien zermalmen. Wozu das Ganze? Ist nicht alles völlig sinnlos? Die einzige Sicherheit, die bleibt, ist das Nichts.

Dann überkommt mich das Gefühl der Erlösung, die mich rettet. Ein einziger Augenblick der Liebe verändert meine ganze Weltsicht. Die Liebe verleiht sogar denjenigen Dingen einen Sinn, die leer und nutzlos erscheinen. Sie vollbringt dieses Wunder mit ihrem Glanz und ihrer Wärme.

Gibt es irgend etwas, das unsere Zärtlichkeit und Fürsorglichkeit besser wiedererwecken könnte als ein Säugling? Bei vielen Menschen glätten sich die Sorgenfalten auf der Stirn, wenn sie mit einem Kind zusammen sind. Sie wirken weicher, herzlicher. Diese liebevolle Zuneigung vertreibt die innere Anspannung, ist wie ein Licht in der Dunkelheit. Sie macht das Leben lebenswert. Eine einzige Sekunde, in der wir diese Liebe empfinden, wiegt die harten Jahre der Kämpfe und Desillusionierung auf.

Stellen wir uns einmal vor, was wäre, wenn es Liebe ohne Empfindungen gäbe. Was würde übrigbleiben? Einiges, Intelligenz, beispielsweise. Wenn ich mir ausmale, wie ich geliebt werden möchte, stelle ich mir jemanden vor, der meine grundlegendsten Bedürfnisse, Träume und Bestrebungen versteht. Das fände ich besser als Umarmungen und Küsse. Eines Tages sage ich Emilio wohl zum zwanzigsten Mal, daß ich ihn liebe. Er erwidert: »Hör auf. Es reicht, wenn du es einmal am Tag sagst. Und jetzt möchte ich was zu essen. Ich hab Hunger.« So sollte Liebe sein – keine laut tönende Fanfare, sondern die stille Bereitschaft, einander zu verstehen und beizustehen in diesem turbulenten Leben.

Diese Art der Liebe erfordert, daß man sich in die Lage des anderen versetzt und begreift, was er empfindet und sich wünscht. Emilio möchte Sultaninen essen, je mehr, desto besser, aber er hat gerade erst eine Magen-Darm-Infektion überstanden. Es ist besser, mit den Sultaninen noch zu warten. Ich sage nein, und er gerät in Rage: »Ich will aber Sultaninen!« Plötzlich erhalten diese lächerlichen Sultaninen eine ungeheure Bedeutung, als hinge sein Leben und unsere Beziehung davon ab. Ich bleibe beharrlich. Nein ist nein. Er schaltet ebenfalls auf stur. Er weint und brüllt. Ein Tauziehen.

Schließlich schlägt er einen Kompromiß vor: »Wenigstens eine halbe!« Die wird ihm gewiß nicht schaden. Ich gebe sie ihm, und er fängt sich wieder. In Wirklichkeit ging es nicht um die Sultaninen, sondern um seinen Stolz. Mit der halben Sultanine hat er sein Gesicht gewahrt und mir eine Gelegenheit gegeben, ihn zu verstehen.

Jonathan weint. Warum? Möchte er kuscheln, eine saubere Windel, nach draußen, etwas zu essen? Nein, er hat Durst. Ich habe überlegt, was ihm fehlen könnte, und ins Schwarze getroffen. Dadurch geht es ihm besser und mir – nicht nur, weil sein Weinen aufgehört hat, sondern weil ich mich jedesmal innerlich entspanne, die Welt von einer lichteren Seite sehe, wenn es mir gelingt, ihn zu verstehen. Liebe ist auch diese praktisch orientierte, emotionale Intelligenz, das Wissen, was der andere in jedem Moment braucht. Das Zusammenleben mit Kindern stellt eine fortwährende Übung dar, wie bei einem Quiz mit Fragen von unterschiedlichem Schwierigkeitsgrad, die selbst für Menschen mit Einfühlsamkeit und brillantem Denkvermögen ein Lackmustest sein können.

Fürsorglichkeit gegenüber anderen bewirkt, daß ich mein Ego vergesse, und das ist eine wunderbare Gabe. Ich habe mich schon von Berufs wegen intensiv mit Wachstumsprozessen beschäftigt, mit den Möglichkeiten, uns stetig weiterzuentwickeln, unsere zwischenmenschlichen Beziehungen zu verbessern, uns von inneren Blockaden zu befreien, Schönheit zu genießen. Ich bin zu der Schlußfolgerung gekommen, daß wir diese Wachstumsprozesse nicht vorsätzlich anschieben können. Sie kommen ganz von allein in Gang, wie eine Blüte, die sich öffnet, oder ein Saatkorn, das keimt. Das geschieht indessen nur, wenn die Entwicklungsbedingungen optimal sind. Der Raum, in dem wir unser Potential frei entfalten, ist häufig mit Ängsten, Kämpfen oder auch dem krampfhaften Streben nach Wachstum angefüllt. Je mehr wir über uns selbst nachdenken, desto geringer sind unsere Wachstumschancen. Wenn dagegen etwas Wichtiges unsere Aufmerksamkeit fesselt – eine Idee, eine Wertvorstellung, ein anderer Mensch –, wachsen wir, ohne es zu merken. Wir erkennen es erst später.

Kinder großzuziehen ist in meinen Augen der beste Weg, diese Selbstvergessenheit zu erlernen. Ihre ständigen, lautstarken Forderungen und ihre drängenden Rhythmen lassen wenig Raum, über uns selbst nachzudenken. Nach und nach erlahmt das Eigeninteresse, und wir geben, ohne eine Gegenleistung zu erwarten. Ich fühle mich unbeschreiblich gut, wenn dieser Zustand der Ich-Losigkeit eintritt. Sobald mein Verstand nicht auf die Frage fixiert ist, ob er auch erhält, was ihm zusteht, fühle ich mich freier, weil ich nichts zu gewinnen oder zu verlieren habe. Meinen Kindern Fürsorge angedeihen zu lassen, erfüllt mich in einem Maß, daß ich mich selbst vergessen kann, ohne Klagen oder Selbstmitleid.

Es gibt noch einen weiteren überraschenden Vorteil: Man lernt wieder, Dankbarkeit zu empfinden. Wie alle Eltern waren auch die meinen nicht vollkommen, aber ihnen gebührt das Verdienst, daß mir nie vorgerechnet wurde, was sie alles für mich getan haben – eine archetypische Versuchung, wenn man Kinder hat. Als frischgebackener Vater, der sich der tagtäglichen Aufgabe der Kindererziehung gegenübersah, hatte ich noch Pluspunkte gesammelt: für selbstloses, aufopferndes Verhalten, für die Bravour und Hingabe, mit der ich meine Aufgabe bewältigte! Erst später wurde mir bewußt, daß meine eigenen Eltern das gleiche, wenn nicht mehr, für mich getan hatten.

Als Kind war ich, wie alle Kinder, hilflos und auf Nahrung, Unterstützung und liebevolle Zuwendung angewiesen. Meine Eltern hatten diese Bedürfnisse erfüllt. Damals erschien mir das als Selbstverständlichkeit. Als Erwachsener war ich zu beschäftigt, um mir lange den Kopf darüber zu zerbrechen. Erst als Vater, der rund um die Uhr arbeitete, auf seine Freizeit verzichtete, am Abend erschöpft war und noch zahllose ähnliche Tage in der Tretmühle vor sich hatte, wurde mir bewußt, daß meine Eltern das gleiche für mich getan hatten, ohne es mir jemals unter die Nase zu reiben. Ich lernte, Dankbarkeit zu empfinden. Es war eine wundervolle Entdeckung, das schönste Geschenk, ohne Werbung und Publicity. Ich weiß, daß mir erst spät die Augen geöffnet wurden.

Liebe und Dankbarkeit. Aber Vorsicht: Es gibt einen mächtigen Feind, der im Hinterhalt lauert. Wir haben nicht nur eine Licht-, sondern auch eine Schattenseite, habgierig und unverbesserlich. Wir nennen sie Ego. Das Ego glaubt, das Universum sei ausschließlich dazu da, seine Wünsche zu erfüllen. Wenn die Dinge nicht so laufen, wie wir es uns vorstellen, gerät es in Rage. Es sieht in anderen Menschen Konkurrenten und daher Feinde. Es ist mißtrauisch und stets auf der Hut, hat immer Angst, nicht das zu bekommen, was es begehrt, oder das zu verlieren, was es besitzt.

Das Ego verzerrt und verfälscht die Realität zu seinen eigenen Gunsten. Es ist zu ängstlich, um das Leben richtig genießen zu können. Es hindert uns daran, zu lieben und wahre Schönheit zu erkennen. Es ist ein Sklave seines Verlangens, der Zeit zu entfliehen. Es fürchtet sich vor dem Tod, und deshalb lebt es nicht mit jeder Faser des Seins.

Wir sind nur dann für wenige Augenblicke frei, wenn es uns gelingt, aus dem Gefängnis unseres Ego zu entfliehen. Es gibt harte und sanfte Wege, die aus diesem Kerker herausführen. Einem Musikstück zu lauschen oder den Sternenhimmel zu betrachten, können Erfahrungen sein, die uns so vereinnahmen, daß wir uns für kurze Zeit selbst vergessen und einen Zustand des Glücks und der Harmonie erreichen. Das sind sanfte Wege. Ein Beispiel für den harten Weg ist: am Rande des Todes stehen – eine Erfahrung, die oft in einen Zustand der Klarheit und spirituellen Stärke führt.

Kinder können diese Selbstvergessenheit in uns hervorrufen, auf beiden Wegen. Der sanfte liegt auf der Hand: Kinder, vor allem kleine, sind eine Quelle der Freude, zumindest, solange sie gutgelaunt sind. Niemand kann in Gegenwart eines lachenden Babys lange habgierig, besorgt oder gereizt bleiben.

Kinder zeigen uns aber auch auf einem harten Weg, wo's langgeht. Sie machen sich über unser Ego lustig, zerschmettern es, fordern es heraus. Wir stehen nicht mehr im Mittelpunkt unserer Sorgen. Die Beziehung zu einem Kind offenbart unsere Schwächen, das unser Ego schlau vor uns verbirgt.

Wenn sich unser Ego wünscht, Kinder zu benutzen, um sich zu seinen eigenen Leistungen zu gratulieren, wird es mit Problemen konfrontiert. Ich erinnere mich noch an Viviens Verblüffung, als sie vom ersten Treffen ihrer Stillgruppe nach Hause zurückkehrte. Emilio war erst wenige Monate alt, und sie fühlte sich immer ungeheuer stolz, wenn man ihr sagte, was für ein niedliches Baby er sei. Wir hielten (und halten ihn auch heute noch) für etwas Besonderes, einfach deshalb, weil er unser Sohn war und ist. Bei dem Müttertreffen war Emilio jedoch nur ein Kind von vielen, und angesichts der Anzahl der Teilnehmerinnen ersparte man sich die gegenseitigen Komplimente. Seither haben uns viele ähnliche Ereignisse die Augen geöffnet. Zu sehen, daß unser Kind wie alle anderen ist, hilft uns zu erkennen, daß auch wir wie alle anderen sind.

Das Ego braucht Fetische: Objekte, Überzeugungen oder Gewohnheiten, denen wir übertriebene Aufmerksamkeit oder Bedeutung beimessen, und von denen wir glauben, daß sie uns glücklich machen. Alles kann zu einem Fetisch werden: Geld, Sex, Ruhm, Karriere. Fetische sind die Totems des Ego, seine konkreteste und greifbarste Manifestation. Da sie uns ständig von den wirklich wichtigen Dingen im Leben ablenken, sind sie das größte Hindernis für die Liebe und klar umrissene, positive Beziehungen zu anderen Menschen.

Zu meinen Fetischen gehören Maschinen. Manchmal finde ich Maschinen, zumindest bestimmte von hoher Qualität, unwiderstehlich. Der perfekte Mechanismus, die unverwüstliche Struktur, die Taste, die ein kaum hörbares Klicken erzeugt, wenn man sie drückt, die Schaltkreise und Lichter, solche Dinge bereiten mir ein unbeschreibliches, ästhetisches Vergnügen.

Eines Tages bestelle ich eine Kornmühle, ein deutsches Fabrikat. Frisch gemahlenes Mehl hat einen höheren Nährwert. Da die Qualität der Nahrungsmittel in den Industrieländern bekanntlich zurückgeht, weil es nicht mehr so viele frische Vollkornprodukte gibt, möchte ich meiner Familie etwas Gutes tun. Das ist der offizielle Grund für die Anschaffung. Doch insgeheim habe ich noch ein weiteres Motiv: Das Gerät fasziniert mich. Ich möchte es unbedingt in meine Sammlung technischer Kinkerlitzchen einreihen.

Die Mühle trifft ein. Nachdem ich ihre Vorzüge ausreichend gepriesen habe, nehme ich sie in Betrieb. Ich schütte das Getreide hinein und warte auf das feingesiebte Mehl. Aber alles, was herauskommt, sind gehackte Körner. Die Maschine funktioniert nicht. Ich bin verärgert und versuche, ihren Geheimnissen auf die Spur zu kommen und sie zu reparieren. Inzwischen zupft mich Emilio, der dem feierlichen Augenblick beigewohnt hat, am Ärmel und fordert meine Aufmerksamkeit.

Ich grüble und grüble. Warum funktioniert sie nicht? Die Firma hat mir Schrott verkauft. Oder bin ich unfähig, die Mühle in Gang zu setzen? Ich muß einen Schraubenzieher suchen und sie auseinandernehmen. Sobald man eine Maschine in ihre Einzelteile zerlegt hat, nimmt einen der Mechanismus gefangen. Wozu ist diese Schraube gut? Ist diese Mutter unverzichtbar? Was passiert, wenn ich an diesem Griff drehe? Emilio zupft weiter an meinem Ärmel. Er hat die Nase gestrichen voll. Er möchte spielen. Ich schiebe ihn ungeduldig beiseite, weil ich enttäuscht und frustriert bin.

Plötzlich wird mir die Ironie der Situation bewußt. Ich habe die Kornmühle gekauft, um seiner Gesundheit einen Dienst zu erweisen, und statt dessen verhindert sie, daß ich mich mit ihm beschäftige. Sie ist ein Fetisch, der uns verwehrt, Spaß miteinander zu haben und uns frei zu fühlen. Ich lasse alles stehen und liegen und gehe mit Emilio spielen.

Die Lektion, die ich daraus ableite, ist, daß sich ein Fetisch zwischen mich und einen anderen Menschen schiebt, daß er mich davon abhält, hundertprozentig präsent zu sein, vielleicht sogar zu lieben. Er verhärtet mich, macht mich blind, taub und aggressiv – und das alles unter dem Deckmäntelchen der Hilfe.

Liebe war und ist der einzige Faktor, der mir hilft, Probleme mit meinen Kindern zu lösen. Er ist wesentlich praktischer als logische Überlegungen. Wenn es mir trotz aller Bemühungen nicht gelingt, ein Problem mit meinen Kindern in den Griff zu bekommen, frage ich mich prinzipiell, ob es mir im Licht der Liebe gelingen würde. Wie kann Liebe dazu beitragen, diese Situation zu meistern?

Ein Beispiel: Wir sind in einem Restaurant zum Mittagessen verabredet. In der letzten Minute, als wir alle fertig und aufbruchbereit sind, erklärt Emilio: »Ich will eine Nektarine.« Ich hasse es, zu spät zu kommen. Ich möchte im Restaurant sitzen, bevor es voll wird, wenn der Service besser und das Essen frisch zubereitet ist. Außerdem warten unsere Freunde auf uns. Ich möchte pünktlich sein. Die Nektarine stellt eine Verzögerung dar, aber wie dem auch sei: Obst ist gut für ihn, und Vivien und ich versuchen, Nahrung nicht mit Gefühlen und Verboten in Verbindung zu bringen. Mit erbitternder Langsamkeit ißt Emilio die Nektarine. Ich sitze wie auf glühenden Kohlen. Als er fertig ist, verlangt er seelenruhig noch eine. »Dann hast du nachher keinen Hunger mehr. Wir werden zu spät kommen. Man wird uns den Tisch nicht mehr reservieren. Unsere Freunde warten.« Erklärungen, Drohungen und Proteste sind nutzlos. Emilio will seine Nektarine. Ich könnte ihn am Schlafittchen packen und in den Wagen setzen, aber das würde allen den Spaß verderben.

Inzwischen vergehen die Minuten, eine nach der anderen. Ich möchte, daß meine Kinder langsam essen und nicht schlingen, aber ich sage Emilio, er solle sich beeilen. Ich weise ihn darauf hin, daß alle warten, während er seelenruhig mampft. Nach der zweiten Nektarine verlangt er eine weitere. Nun platzt mir der Kragen. Ich bin wütend, brülle. »Nun reicht's mir aber! Jetzt komm endlich!« Emilio heult und brüllt wie am Spieß. Jonathan fängt ebenfalls an zu weinen. Unser Mittagessen können wir vergessen, so wie es aussieht. Die Situation ist vertrackt, mir fällt keine Lösung ein. Wenn ich ein Machtwort spreche, verliere ich, und wenn ich ihm seinen Willen lasse, verliere ich auch. Es kann nicht angehen, daß ein Kind eine ganze Familie als Geisel nehmen darf. Ich lasse mich nicht tyrannisieren. Erklärungen und Drohungen haben keine Wirkung gezeigt. Die Atmosphäre ist geladen. Ich bin ratlos.

Dann erinnere ich mich an die Liebe, das höhere Prinzip, an dem ich mich orientieren kann. Es gelingt mir, den Kontakt zu dem kleinen Fleckchen Wärme herzustellen, das noch in meinem Innern lebendig ist. Wieder einmal spüre ich, inmitten der Nervenzerreißprobe, meine Liebe zu diesem Kind. Ich sehe seinen Stolz, seinen Kampf, seinen Zorn, seine Stärke. Es gelingt mir, mich von dem ganzen unnützen Ballast zu befreien, den ich mit mir herumschleppe: Stolz, Eile, die Sorge, den reservierten Tisch zu verlieren, das Unbehagen bei dem Gedanken, unsere Freunde warten zu lassen, meine Angst, Jonathan könne weiterweinen, meine Wut angesichts eines solchen Affronts. Ich sage: »In Ordnung, Emilio. Iß noch eine Nektarine. Iß langsam, nimm dir alle Zeit, die du brauchst.« Ich übermittle ihm eine grundlegende Tatsache: Ich liebe ihn! Viele Pädagogen wären jetzt entsetzt. Man läßt sich nicht durch die Launen eines Kindes einschüchtern. Aber die Geschichte endet nicht an dieser Stelle. Ich werde mit Emilio später in aller Ruhe über die Situation sprechen. Mittlerweile nimmt er seine dritte Nektarine in Angriff, aber nach einem Bissen sagt er: »Laß uns fahren.«

Wichtig ist für mich, daß ich selbst in diesem Sog aus Angst, Wut und Dominanzstreben Liebe finden konnte. Und das ist der wahre Sieg.

# Register